AF389804

BIBLIOTHÈQUE MORALE

DE

# LA JEUNESSE

2ᵉ SÉRIE IN-8°

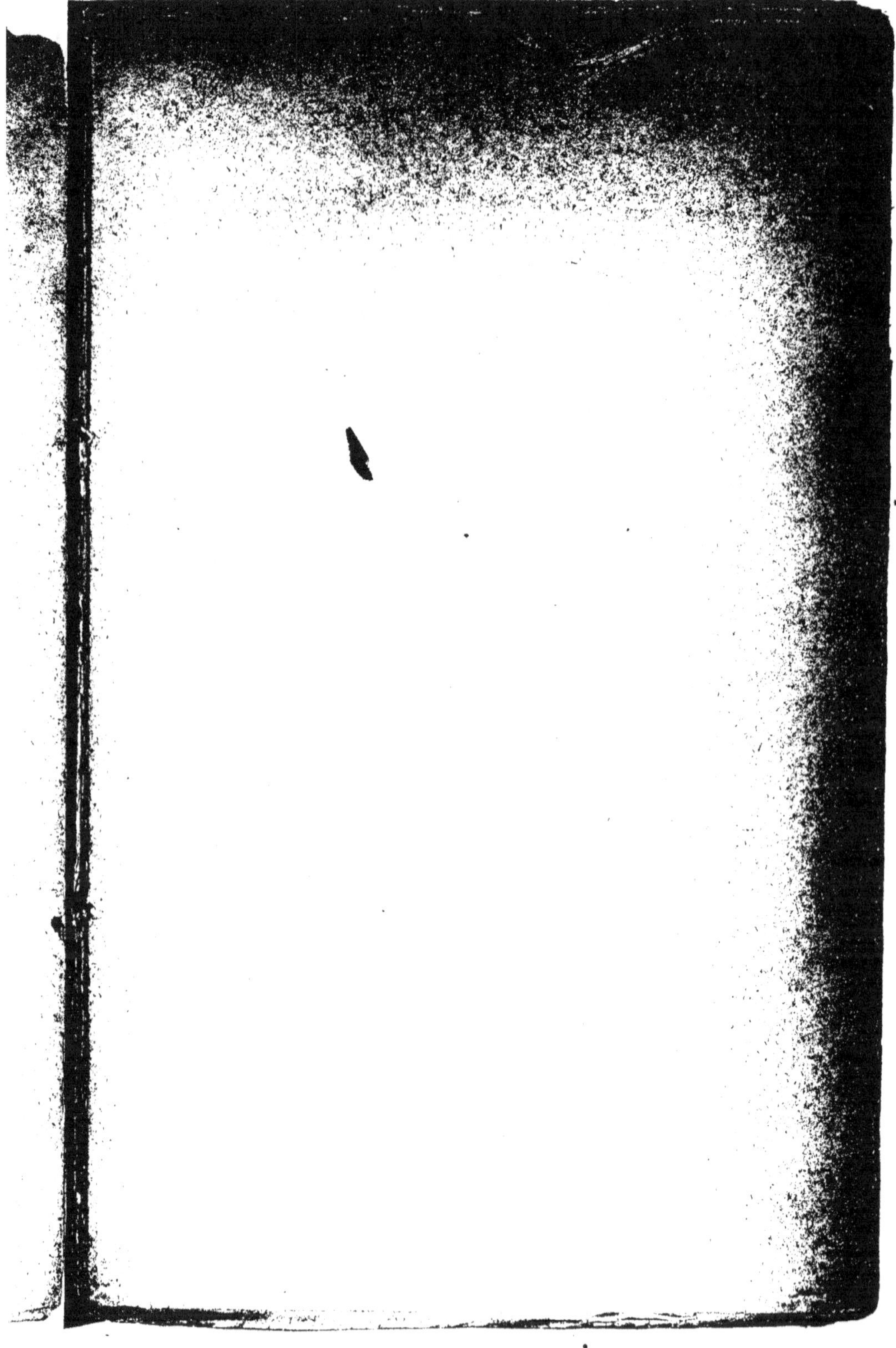

Bataille de Montenotte

# L'HÉROÏSME MILITAIRE

## EN FRANCE

## APRÈS 1789

PAR

### Fr. DESPLANTES

Officier d'Académie, Médaille d'honneur de la Société d'Encouragement au Bien,
Mention honorable de la Société pour l'Instruction élémentaire, etc.

**Auteur du *Livre d'aujourd'hui*.**

AVEC GRAVURES DANS LE TEXTE

## ROUEN

MEGARD ET Cᶦᵉ, LIBRAIRES-EDITEURS

1888

# HÉROÏSME MILITAIRE APRÈS 1789.

## I.

### ROUGET DE L'ISLE.

« Les rois de l'Europe, coalisés à Pilnitz, voulaient étouffer la Révolution française et déchirer la carte de France pour s'en partager les morceaux. A la nouvelle de l'invasion, une sorte de fureur sacrée, l'âme tout entière d'un peuple odieusement attaqué, passe dans le cœur d'un jeune homme, d'un lieutenant, d'un inconnu qui n'a rien fait depuis, comme pour mieux marquer la grandeur de l'inspiration ; elle soulève ce poète d'un quart d'heure au-dessus de lui-même, et lui dicte dans une nuit de fièvre ce pas de charge sublime contre l'Europe. Le drapeau noir flotte sur l'esplanade du Pont-Neuf, le canon tire de minute en minute. La patrie est en danger. L'ennemi a pris Verdun, il bloque Landau, il marche sur l'Argonne, il a déjà marqué ses étapes sur Paris ; un chant passe dans l'air.... On ne sait d'où il vient, de quel ciel il descend, un million de bouches l'a répété avant d'en connaître le poète : *Allons, enfants de la patrie !* et, à l'appel de cette voix ignorée, la France frémit et bondit à la frontière.

« Plus tard, un matin, l'armée française, improvisée d'un cri d'enthousiasme, arrachée du sol à peine de la veille, aperçoit devant elle, par un léger brouillard d'automne et par le ciel pâle d'un drame de l'histoire, l'armée ennemie concentrée, échelonnée sur les hauteurs, derrière quatre étages de batteries. Elle a toutes les chances contre elle : la chance de la position, la chance de l'expérience ; elle ignore l'exercice à la prussienne et la grande manœuvre, mais elle a foi dans la Révolution ; elle fléchit le genou, elle tend la main vers le drapeau, le nouveau drapeau, le drapeau prédestiné ; elle entonne en chœur l'invocation suprême : *Amour sacré de la patrie !* et redoutes, obus, boulets, pluies de mitraille, elle ne voit plus rien de cela ; cela n'existe plus pour elle ou tombe devant son élan ; et, emportée sur le souffle de la *Marseillaise* comme sur un vent de colère, elle monte tous ces étages de mort l'un après l'autre, elle escalade les pentes enflammées de Jemmapes, et, debout enfin sur la montagne éteinte et silencieuse, elle jette à l'Europe son cri de liberté. » (Eug. PELLETAN, *la Naissance d'une Ville.*)

Joseph Rouget de l'Isle, l'auteur de la *Marseillaise*, naquit en 1760 à Montaigut, auprès de Lons-le-Saunier. Il était déjà officier du génie lorsque éclata la Révolution de 1789, dont il adopta les principes avec le plus grand enthousiasme. Au début de la guerre avec l'Autriche, en 1792, se trouvant en garnison à

Strasbourg, le jeune lieutenant composa en une nuit,

Rouget de l'Isle.

**pour** l'armée du Rhin dont il faisait partie, les paroles et la musique de l'hymne immortel qu'il appela tout simplement *Chant de guerre*. Le nom de *Marseillaise* ne lui fut donné qu'après le 10 août, jour de l'envahissement des Tuileries par le peuple de Paris, qui l'entendit alors pour la première fois. En effet, les volontaires marseillais, de passage à Paris, l'avaient entonné à l'attaque du château, et les Parisiens attribuèrent aussitôt au chant de Rouget de l'Isle le nom de ceux qui le leur avaient fait connaître : l'appellation de *Marseillaise* lui resta depuis lors.

« Ce ne fut pas, comme on l'a dit, dans un repas de famille que fut trouvé ce chant sacré. Ce fut dans une foule émue. Les volontaires partaient le lendemain. Le maire de Strasbourg, Dietrich, les invita à un banquet, où les officiers de la garnison vinrent fraterniser avec eux et leur serrer la main. Les demoiselles Dietrich, nombre de jeunes demoiselles, nobles et douces filles de l'Alsace, ornaient ce repas d'adieu de leurs grâces et de leurs larmes. Tout le monde était ému ; on voyait commencer devant soi la longue carrière de la liberté, qui, trente ans durant, a noyé de sang l'Europe. Ceux qui siégeaient au repas n'en voyaient pas tant sans doute. Ils ignoraient que dans peu ils auraient tous disparu, l'aimable Dietrich entre autres, qui les recevait si bien, et que toutes ces jeunes filles charmantes, dans un an, seraient en deuil. Plus d'un, dans la joie du banquet, rêvait sous l'impression de vagues pressentiments, comme quand on est assis, au moment de s'embarquer, au bord de la grande mer. Mais les cœurs étaient bien hauts, pleins d'élan et de sacrifice, et tous acceptaient l'orage. Cet élan commun qui soulevait toute poitrine d'un égal mouvement aurait eu besoin d'un rythme, d'un chant qui soulageât les cœurs. Le chant de la

Révolution, colérique en 92, le *Çà ira* n'allait pas à la douce et fraternelle émotion qui animait les convives. L'un d'eux la traduisit : *Allons !*

« Et ce mot dit , tout fut trouvé. Rouget de l'Isle — c'était lui — se précipita de la salle , et il écrivit tout, musique et paroles. Il rentra en chantant la strophe : *Allons , enfants de la patrie !* Ce fut comme un éclair du ciel. Tout le monde fut saisi, ravi, tous reconnurent ce chant entendu pour la première fois. Tous le savaient ; tous le chantèrent, tout Strasbourg, toute la France. Le monde, tant qu'il y aura un monde, le chantera à jamais.

« Si ce n'était qu'un chant de guerre, il n'aurait pas été adopté des nations. C'est un chant de confraternité ; ce sont des bataillons de frères qui vont ensemble d'un même cœur. C'est un chant qui , dans la guerre, conserve un esprit de paix. Qui ne connaît la strophe sainte : *Epargnez ces tristes victimes !*

« Telle était bien alors l'âme de la France : émue de l'imminent combat, violente contre l'obstacle , mais toute magnanime encore, d'une jeune et naïve grandeur ; dans l'accès de la colère même au-dessus de la colère. » (J. MICHELET, *la Révolution française.*)

Ainsi que Hoche, Jourdan, Marceau et bien d'autres illustres patriotes, Rouget de l'Isle fut arrêté en 1793, et incarcéré comme suspect. Seulement après le 9 thermidor, Tallien put l'arracher aux prisons de la Terreur. A peine libre, le jeune officier obtint d'être réintégré dans l'armée et alla combattre en Vendée sous les ordres de Hoche. Il se distingua dans plusieurs combats, notamment à l'attaque de Quiberon, où il fut blessé. On lui doit un récit détaillé de cette dernière affaire, récit qui a été publié dans le tome II des

*Mémoires de tous*, sous le titre de *Relation du désastre de Quiberon*.

Ce fut le dernier fait d'armes de Rouget de l'Isle. En effet, il donna peu après sa démission d'officier. Rentré dans la vie civile, il composa la musique de plusieurs chants écrits par divers auteurs. Après 1830, le gouvernement du roi Louis-Philippe lui accorda une pension de 1,500 fr. et le nomma chevalier de la Légion d'honneur. Il mourut en 1836, à Choisy-le-Roi, où une statue lui a été élevée en juillet 1882. On remarque également son tombeau au cimetière de cette ville.

« Le plus bel éloge à faire de Rouget de l'Isle, disait M. de Freycinet, le jour de l'inauguration du monument de Choisy-le-Roi, n'est-ce pas dire que son impérissable chef-d'œuvre a mérité d'être choisi comme chant national ? Il retentit dans toutes les occasions solennelles. En France, il anime toutes nos fêtes. A l'étranger, nos nationaux l'entonnent en souvenir d'une patrie bien-aimée. Il nous rappelle l'héroïsme de nos pères et le glorieux héritage qu'ils nous ont laissé. Il est pour nous une force, un honneur et un enseignement. »

## II.

## KLÉBER.

A la fin du règne de Louis XV, quelques élèves de l'école militaire de Munich, venus à Strasbourg en partie de plaisir, entrèrent se rafraîchir dans un café et se mirent à fumer gravement leurs longues pipes, tout en buvant leurs chopes de bière. La physionomie placide de ces jeunes Bavarois excita aussitôt la verve railleuse de quelques étourdis. Des mots vifs et piquants échangés tout d'abord on allait sans doute en venir aux coups, quand, au milieu du groupe des railleurs, se dressa un jeune homme d'une vingtaine d'années, à la stature colossale, qui se prononça en faveur des Bavarois et blâma les railleries intempestives de ses amis. Cette généreuse intervention mit fin à la querelle : elle fut sans doute l'origine de la fortune militaire de ce grand et fort garçon haut de six pieds.

Celui-ci, Jean-Baptiste Kléber, fils d'un humble maçon qui l'avait laissé orphelin en bas-âge, étudiait pour l'instant l'architecture, sans un goût bien prononcé pour cet art. Les jeunes gens dont il avait pris la défense lui offrirent leur amitié et le décidèrent à entrer avec eux à l'école de Munich : ils obtinrent pour lui un brevet de l'électeur de Bavière. Le prince de Kaunitz, général autrichien, ne tarda pas à le distinguer, et le fit, en 1776, entrer comme cadet dans son régiment. Kléber obtint successivement les grades d'enseigne et de sous-lieutenant. Mais, en Autriche, plus encore qu'en France, il n'y avait guère en ce temps-là d'avancement que pour les nobles. Dégoûté, le jeune officier donna sa démission en 1783 et rentra en France, où il obtint une place d'inspecteur des bâtiments publics à Belfort.

Kléber occupait encore cette modeste position lorsque la Révolution éclata. Il avait trente-six ans. Parti comme volontaire en 1792, au moment de la déclaration de la *Patrie en danger*, il servit sous le général Custine à l'armée du Rhin, où il se fit remarquer par sa rare bravoure et ses connaissances militaires. Toutefois, sa carrière ne commença réellement qu'à la défense de Mayence contre l'armée prussienne. Il était alors adjudant général, grade qui équivalait à cette époque à celui de lieutenant-colonel d'aujourd'hui.

Dès le début du siège, dans des sorties fréquentes, Kléber contribua à infliger des pertes sérieuses à l'ennemi ; puis, le 30 avril, lorsque le général Munier, commandant de la place, eut été grièvement blessé, ce

fut à lui qu'incomba toute la responsabilité de la
défense. Malgré la pluie de fer et de feu qu'un horrible

Kléber.

bombardement abattait continuellement sur Mayence,
Kléber tint jusqu'à la mi-juillet. Mais les vivres et les

munitions allaient manquer complètement. « Il fallut bien se rendre ; du moins, ce fut avec tous les honneurs de la guerre et dans les conditions les plus honorables. Le roi de Prusse accorda la sortie de la garnison avec armes et bagages ; seulement il fut stipulé qu'elle ne servirait pas d'une année contre les coalisés. » Avoir retenu pendant près de quatre mois la meilleure armée de la coalition devant Mayence et ne capituler qu'à bout de ressources, c'était aussi beau qu'une victoire.

Kléber fut cependant décrété d'accusation et incarcéré. Acquitté sans peine, il fut, en qualité de général de brigade, envoyé rejoindre Marceau en Vendée, où les termes de sa capitulation lui permettaient de combattre. Là, dit M. Travers, « il se distingua à la rencontre de Torfou, où, avec quatre mille hommes, il résista à vingt mille Vendéens ; il décida la victoire à Cholet, et, après une disgrâce momentanée que lui attirèrent quelques échecs, battit les Vendéens au Mans et à Savenay. Il aurait terminé la guerre civile, si on l'avait laissé maître d'administrer le pays comme il voulait ; mais le Comité de Salut public fit dresser les échafauds : Kléber témoigna son indignation et fut exilé. »

Cependant les armées coalisées contre nous nous pressaient de toutes parts. Au nord et à l'est, trois cent mille Anglais, Hollandais, Autrichiens, Allemands et Prussiens, menaçaient nos frontières, pendant que plus de cent mille Espagnols et Piémontais nous attaquaient au midi. Pour repousser ces multiples invasions, la Convention avait levé huit cent mille hommes, qu'elle avait répartis en cinq armées. La situation était critique. Kléber, rappelé, fut, sous les ordres de Piche-

gru, envoyé avec le grade de général de division à l'armée du Nord, qui échangea bientôt ce nom contre celui
d'armée de Sambre-et-Meuse, lorsque Jourdan en prit
le commandement. A Fleurus (26 juin 1794), Kléber,
qui commandait l'aile gauche de l'armée, enveloppa
les Autrichiens dans le bois de Monceaux et les défit
complètement à Marchiennes-au-Pont. Puis, il prit
successivement Mons, Louvain, Maëstricht, et, au
commencement de l'hiver, le 15 octobre, il fut chargé
de diriger le blocus de Mayence, déjà commencé par
l'armée du Rhin.

Au commencement de 1795, la paix (déjà conclue
avec les Espagnols) fut signée avec le roi de Prusse.
Nous n'avions donc plus en face de nous que les
Anglais, les Autrichiens, les Allemands et les Sardes.
C'était le moment de tenter contre eux un grand coup.
Kléber fut à cet effet replacé à l'armée de Sambre-et-
Meuse, et, pendant dix-huit mois, y fit de continuels
prodiges. A la tête d'une aile de l'armée commandée
par Jourdan, il força le passage du Rhin, vainquit le
prince de Wurtemberg à Altenkirken, le général Kray
à Kaldieck, le général de Wartensleben à Früdberg,
auprès de Francfort (10 juillet 1796). Repoussés sur
toute la ligne, dit M. d'Aubigné, « les Autrichiens se
replièrent en toute hâte sur Francfort, où nous les sui-
vîmes de si près, après leur avoir fait subir de si rudes
pertes, qu'ils durent mettre bas les armes. Les conditions de la capitulation furent les suivantes : armistice
de quarante-huit heures ; sortie de la garnison autrichienne avec armes et bagages ; les habitants remis à
la générosité des Français. »

Malgré ses éclatants services, Kléber tomba dans la
disgrâce du Directoire, qui avait succédé à la Conven-

tion. Retiré à Strasbourg en 1797, il y travaillait à ses *Mémoires*, lorsque l'expédition d'Egypte fut décidée, dans le but de frapper en Orient la puissance maritime et commerciale de l'Angleterre, notre ennemie séculaire. Bonaparte, mis à la tête des troupes expéditionnaires, voulait s'entourer des meilleurs et des plus habiles généraux : il demanda Kléber, qui accepta de l'accompagner.

« L'Egypte, dit M. d'Aubigné, où nous allions transporter le théâtre de la guerre, est le pays le plus singulier, le mieux situé et le plus fertile de la terre. Placée parallèlement à la mer Rouge et à l'isthme de Suez, elle est maîtresse du passage de cet isthme et par conséquent de tout le commerce de l'Europe avec l'Inde. Au temps de la prospérité des Vénitiens, pendant le moyen-âge, elle leur servait d'intermédiaire pour entreposer les marchandises et les richesses qu'ils faisaient venir de l'extrème Orient. Aujourd'hui, c'est par le canal de Suez que passent la plupart des navires allant aux Indes ou en revenant. A l'époque de la Révolution, ce canal, construit seulement sous Napoléon III par un illustre Français, M. Ferdinand de Lesseps, n'existait pas encore ; mais il n'y en avait pas moins un grand mouvement commercial, passant par Suez, entre la mer Rouge et la Méditerranée. Le commerce se faisait à dos de chameaux et par caravanes. C'est ainsi que les marchands de la Cité de Londres communiquaient avec les Indes.

« La constitution physique et la forme de l'Egypte sont aussi extraordinaires que sa situation est importante…. Les bords du Nil, l'un des plus grands fleuves du monde, constituent toute l'Egypte. C'est une vallée de deux cents lieues de longueur. Des deux côtés, elle

Entrée du canal de Suez.

est bordée par un océan de sables brûlants…. Constamment desséchée par un soleil ardent, l'Egypte ne serait, comme la plus grande partie de l'Afrique, qu'une terre inculte et désolée, sans les inondations annuelles de son grand fleuve. Chaque année, pendant les mois de juillet, d'août et de septembre, le Nil, gonflé par des pluiés abondantes, sort de son lit, couvre de ses eaux limoneuses les vallées environnantes et y dépose des alluvions d'une fécondité extraordinaire. En quelques semaines, ces alluvions se couvrent de moissons magnifiques….

« Tous les ans arrivent au Caire (capitale de l'Egypte) des caravanes qui abordent comme des flottes des deux côtés du désert…. Quant à la population égyptienne, ellé était, à l'époque de la Révolution, un amas de débris de plusieurs peuples. D'abord les Coptes, descendants des anciens Egyptiens; ensuite les Arabes, conquérants de l'Egypte sur les Coptes ; au-dessus d'eux les Turcs, qui avaient à leur tour conquis les Arabes. » Les Arabes, descendants des compagnons de Mahomet, formaient la masse presque entière de la population.

Le rendez-vous général était à Toulon. Kléber s'y rendit pour présider lui-même à l'embarquement de ses troupes. Bonaparte l'y rejoignit le 9 mai 1798. L'escadre qui emportait l'armée expéditionnaire mit à la voile le 19 mai, sous le commandement de l'amiral Brueys, au bruit du canon et des acclamations de toute l'armée.

Malgré la croisière de la flotte anglaise, commandée par Nelson, qu'ils purent heureusement éviter, les navires français arrivèrent en vue d'Alexandrie dans la matinée du 1er juillet, après avoir toutefois, chemin faisant, planté le drapeau français sur la citadelle de

l'île de Malte , dont Bonaparte s'empara, et où il laissa
une garnison de deux mille hommes.

Après la prise d'Alexandrie, le général en chef chargea de l'organisation de la conquête Kléber , qui avait reçu un coup de feu à la tête en montant à l'assaut au premier rang de ses soldats. Il déploya dans cette tâche des qualités remarquables, surtout après la défaite, à Aboukir, de la flotte française que Nelson avait fini par rejoindre. Ce fut à la suite de ce désastre que Bonaparte écrivit à Kléber : « Ceci nous oblige à faire de plus grandes choses que nous n'en voulions faire. Il faut nous tenir prêts; » et que Kléber lui répondit par ce mot demeuré célèbre : « Oui, il faut faire de grandes choses ; je prépare mes facultés. »

Toutefois, Kléber rejoignit le général en chef au moment de l'expédition de Syrie. Selon son habitude, il se montra héroïque à Gaza, à l'assaut de Jaffa, à la bataille du mont Thabor, qu'il remporta en réalité avec trois mille hommes ; car Bonaparte n'arriva prendre part à l'action qu'à la fin de la journée.

Pendant la retraite de l'armée française sur le Caire, une nouvelle armée turque avait débarqué à Aboukir. Bonaparte, alors déjà rendu au Caire, s'élança à sa rencontre en prescrivant à Kléber de se rapprocher, lui aussi , de ce port où, quelques mois auparavant, avait été détruite notre escadre. Par une manœuvre rapide, Bonaparte réussit à surprendre les Turcs et à les acculer dans la presqu'ile sur laquelle est construite la ville d'Aboukir. Kléber, à son tour, n'arriva cette fois qu'à la fin de cette journée extraordinaire, où, selon l'expression de M. Thiers, « pour la première fois peut-être dans l'histoire de la guerre, l'armée ennemie fut détruite tout entière. »

Mais de grands devoirs l'attendaient encore, et c'est vraiment alors qu'il allait avoir besoin de toutes ses *facultés*. A la suite de graves nouvelles reçues d'Europe, Bonaparte prit brusquement la résolution de rentrer en France et laissa à Kléber le commandement de l'armée et la direction de la conquête. C'était, à ce moment-là, une lourde charge, dont tout autre eût été écrasé. Après des fatigues et des combats continuels, l'armée se trouvait dans un assez triste état ; les caisses étaient vides d'argent et le pays épuisé. Aussi Kléber, afin de ramener ses soldats en France, crut-il bientôt devoir consentir à la convention d'El-Arisch, passée avec le gouvernement turc (28 janvier 1800).

« Le commodore Sidney-Smith, dit M. Maze, avait adhéré à la convention au nom de l'Angleterre ; mais, au moment même où il y adhérait, il était remplacé à Constantinople comme ministre plénipotentiaire par lord Elgin, et le cabinet de Saint-James, avant de connaître le traité, avait donné l'ordre formel à l'amiral Keith d'établir une croisière devant Alexandrie, d'empêcher par tous les moyens l'embarquement des troupes françaises, à moins qu'elles ne se rendissent prisonnières de guerre. Déjà presque toutes les places avaient été évacuées par les soldats français, la citadelle et les forts du Caire désarmés : il y avait violation manifeste du traité. »

Sidney-Smith avait dans la négociation pris le titre de ministre plénipotentiaire qui ne lui appartenait pas, paraît-il : il se hâta de prévenir Kléber de l'intention formelle qu'avait l'Angleterre de ne pas reconnaître le traité. De notre côté, malheureusement, nous avions commencé à en exécuter loyalement les clauses en abandonnant toutes nos conquêtes de la haute Egypte. L'amiral Keith fit bientôt connaître par écrit au général en chef les conditions humiliantes qu'on prétendait lui imposer. Kléber, dit M. Maze, « lut tranquillement la lettre et se borna à dire : *Demain, l'amiral connaîtra ma réponse.* Le lendemain, 17 mars, il fit mettre à l'ordre du jour de l'armée la lettre de l'amiral, et il y ajouta ces deux lignes :

« Soldats !

« On ne répond à de telles insolences que par des « victoires : préparez-vous à bien combattre ! »

« Nous ne connaissons pas dans l'histoire de proclamation plus belle et plus courte. »

Et, donnant l'exemple, il déploie une fiévreuse activité. Avec dix mille hommes il gagne la bataille d'Héliopolis contre quatre-vingt mille Turcs ; il reprend quartier par quartier la ville du Caire révoltée contre nous. En moins d'un mois la haute Egypte fut reconquise. Le vainqueur consolidait habilement son ouvrage lorsqu'il fut assassiné au Caire par un musulman fanatique appelé Soleyman.

Ainsi tomba, dit le général Pujol, « celui qu'avaient épargné vingt batailles et cent combats. L'amour de la patrie et l'amour de la gloire furent ses seules passions. Ennemi de la dissimulation, il disait tout haut, trop haut parfois, la vérité. Jamais il n'abusa de la victoire. Impétueux et maître de lui-même dans le combat, il ne se laissait ni abattre par les revers, ni éblouir par les succès. Avec lui commença, avec lui finit la gloire de la famille. »

L'éloge de Kléber fut prononcé par Garat à Paris, sur la place des Victoires.

Kléber, dit M. Travers, « fut véritablement un héros. Il était d'une taille élevée, d'une belle figure, où respiraient la fierté de son âme et la noblesse de son caractère ; il avait une bravoure à la fois audacieusement calme, une intelligence prompte et sûre, et montra, en

Egypte, qu'il savait, au besoin, joindre les talents de l'homme d'Etat et de l'administrateur à ceux du guerrier. »

La vie de Kléber, déclare enfin M. Maze, « n'avait été qu'un long combat. Sorti des derniers rangs du peuple, il ne s'était élevé aux premiers postes de l'armée qu'à force de constance, de génie et de vertu : plus d'une fois persécuté, souvent suspect aux uns et aux autres, pour sa droiture même et son impartialité, il couronnait par le martyre son étonnante carrière....

« Les funérailles de Kléber eurent lieu en grande pompe au Caire, le 17 juin. Son éloge fut prononcé devant les troupes en armes par Fourier, le secrétaire de l'Institut d'Egypte. Lors de l'évacuation définitive, les restes du glorieux général, déposés provisoirement dans l'un des bastions de son camp, furent ramenés à Marseille. Ce fut seulement en 1818 que Strasbourg revendiqua la dépouille mortelle de son glorieux enfant. En 1840, on lui éleva dans cette ville la belle statue qui représente le héros froissant la lettre de lord Keith et répondant à son insolente sommation par ce défi : *Les armes que vous demandez, venez les prendre !* Hélas ! cette statue est aujourd'hui en terre prussienne ; nous en devons une autre à ce grand ancêtre de la République.... On ne saurait trop honorer un tel homme ; on ne le désignera jamais assez à l'admiration des générations nouvelles. »

## III.

## DESAIX.

« Quelle époque, dit M. Edouard Gœpp, fut plus
féconde en héros que celle des guerres de notre première république où l'on voyait surgir côte à côte, et
dans l'espace de quelques années, Kléber, Hoche,
Marceau, Desaix, grands hommes dans toute l'acception
du mot, grands par le courage et grands par le talent ?
Qui donc, en feuilletant l'histoire, mettre en parallèle
avec Desaix, ce jeune capitaine, officier à quinze ans,
général de division à vingt-six, mort dans un triomphe
à trente-deux ans, vainqueur à Marengo ? »

Louis-Charles-Antoine Desaix (1) de Veygoux était né
le 17 août 1768, à Saint-Hilaire-d'Ayat, à vingt-deux

----

(1) **Sur** son acte de naissance, son nom est écrit Des Aix.

kilomètres de Riom. D'une ancienne famille noble d'Auvergne, il fut admis à l'école royale militaire d'Effiat le

Desaix.

18 octobre 1783. Sept ans plus tard, après avoir produit le certificat de noblesse obligatoire en pareil cas,
il entrait comme sous-lieutenant en troisième au régi-

ment de Bretagne. Malgré son origine aristocratique, il embrassa avec enthousiasme les principes de la Révolution. Plus tard, pendant la Terreur, cette origine le rendit pendant quelque temps suspect à la Convention : il est vrai que ses deux frères avaient alors émigré et que, par suite, sa mère et sa sœur étaient incarcérées, ce dont le jeune officier républicain ne cessait de se plaindre.

Le passage suivant d'une lettre qu'il adressait à sa sœur, pendant qu'elle était encore en prison, indique quelques-unes des causes de son attachement au nouveau régime : « Peut-on, ma bonne sœur, écrivait-il, nous regarder comme des ennemis de la république, nous, il est vrai, d'une caste suspecte, mais nés presque sans fortune, sans droits féodaux ? Nous, élevés au milieu du peuple, avec lui, ayant pour amis, pour confidents d'enfance et de jeunesse, de bons agriculteurs ; accoutumés à leurs vertus, partageant leurs fêtes et leurs peines, ne sommes-nous pas de leur nombre ? »

Envoyé, sur sa demande, en décembre 1791, à Clermont-Ferrand en qualité de commissaire des guerres, il fut l'année suivante réintégré dans son ancien régiment, devenu le 46ᵉ de ligne, et coup sur coup nommé lieutenant et capitaine. Il alla avec ce dernier grade à l'armée du Rhin remplir les fonctions d'aide de camp auprès du général Victor de Broglie. Chef de bataillon le 17 mai 1793, après le combat de Rilsheim, il fut, trois mois après, promu général de brigade provisoire, et se distingua en cette qualité à la retraite de Wissembourg et au combat de Lauterbourg.

Desaix fut nommé général de division le 21 octobre 1793 et presque aussitôt suspendu de ses fonctions comme suspect. Ses soldats, qui l'adoraient.

empêchèrent son arrestation et obtinrent **de le con-**
server à leur tête.

Sous les ordres de Jourdan, en 1795, il commanda
l'aile droite de l'armée de Sambre-et-Meuse, et sut
empêcher l'ennemi de pénétrer dans le Haut-Rhin,
qu'il était chargé de défendre contre l'invasion. Dans
ces circonstances, il avait déployé de tels talents militaires, que le général Michaud voulait lui faire donner
le commandement en chef des armées réunies de Rhin-
et-Moselle. Desaix refusa modestement et obstinément
en déclarant que ce serait là « commettre une injustice
à l'égard de vieux militaires qui avaient beaucoup mieux
que lui mérité de la patrie. »

Envoyé à l'armée de Rhin-et-Moselle que commandait Moreau, Desaix prit part, tant en 1795 qu'en 1796,
à un grand nombre de combats et eut à deux reprises à
exercer par intérim le commandement en chef. Il enleva
Offenbourg, contribua à la belle retraite de Bavière,
soutint seul avec l'aile gauche, dans les bois de Geisenfeld, le choc de toute l'armée autrichienne, commandée par l'archiduc Charles. Voici d'ailleurs comment l'archiduc, dans sa relation de la campagne de
1796, a rendu compte de cette journée :

« Desaix prouva, dans cette circonstance, une grande
énergie, un coup d'œil juste, une connaissance parfaite
de l'emploi de chaque arme. Pris en flanc dans la
marche par l'ennemi qui s'avançait dans la forêt de
Geisenfeld, il fit front sur son flanc gauche, le resserra
parce qu'il était le plus menacé, et forma dans une
position presque inexpugnable son centre, que les
Autrichiens pensaient le plus facilement aborder par le
chemin de Geisenfeld. »

Voilà comment le général ennemi appréciait les opérations de son adversaire. Desaix méritait ces éloges de l'archiduc, et il le lui prouva bientôt de nouveau en l'arrêtant devant le fort de Kehl, dont Moreau lui avait confié la défense : cet arrêt eut pour résultat d'écarter les Autrichiens des champs de bataille de l'Italie.

Les Autrichiens, dit M. Gœpp, « avaient commencé le 10 novembre leurs lignes de circonvallation devant la place. Ils ouvrirent la tranchée dans la nuit du 21 au 22. Desaix les attaqua. L'attaque fut sérieuse ; le général y reçut dans son chapeau une balle qui effleura sa tête, eut son cheval tué sous lui et fut atteint à la jambe par un projectile qui le contusionna fortement. Trois mois durant, il tint l'archiduc en échec devant ce fort misérablement retranché, qu'il avait pris au commencement de la campagne en quelques heures. Il s'immortalisa là par son sang-froid et par les savantes dispositions qu'il sut prendre. Kehl ne fut rendu que le 9 janvier 1797, après quarante jours de tranchée ouverte, et quand l'ennemi eut perdu quinze mille hommes et lancé vingt-cinq mille bombes pour réduire le fort en un monceau de ruines. »

Desaix sortit à la tête de la garnison, drapeaux déployés, avec armes et bagages.

Du 31 janvier au 9 mars 1797, Moreau ayant été appelé à Paris, Desaix demeura chargé par intérim du commandement en chef de l'armée. Il en profita pour organiser tout en vue d'un nouveau passage du Rhin que le Directoire avait décidé de tenter. Cette action, une des plus hardies dont l'histoire fasse mention, fut d'ailleurs dirigée et menée à bien par le jeune général en personne.

« Ce passage merveilleux, dit M. Gœpp, fut opéré le 20 avril en face de quatre-vingt mille hommes, couverts

par des retranchements armés de cent pièces de canon.
Mais aussi, pendant l'action, Desaix dut plusieurs fois
payer de sa personne. On le vit se précipiter, le sabre
en main, sur les premiers rangs de l'armée ennemie et
entraîner les siens. Dans cette attaque furieuse, il reçut
même à bout portant un coup de fusil qui lui traversa
la cuisse. Les soldats voulaient massacrer le malheureux Hongrois qui avait frappé leur général ; mais lui,
les arrêtant, couvrit son adversaire en le déclarant prisonnier. Il sauvait ainsi la vie, sur le champ de bataille
même, à celui qui venait de tenter de lui ravir la
sienne. »

A peine guéri de sa blessure, Desaix se rendit en
Italie, dans le désir de « reconnaître les positions où les
Français s'étaient immortalisés ». C'est de cette
époque que date sa liaison avec Bonaparte, qu'il accom-
pagna en Egypte (mai 1798), après avoir été durant
quelques mois son chef d'état-major à l'armée préparée
en vue d'une descente en Angleterre, opération qui ne
fut jamais effectuée.

Dès que nos troupes eurent débarqué en Egypte et
qu'Alexandrie fut tombée en notre pouvoir, Bonaparte,
à la tête de trente mille hommes, se dirigea sur le
Caire à travers le désert de Damahour. Desaix conduisait l'avant-garde : dans nos premières escarmouches
contre les Mamelucks, ces incomparables cavaliers ; il
montra toutes les ressources de son génie militaire,
notamment aux combats de Damahour, de Rhamanié et
de Chobrakit. Enfin, à la tête de l'aile droite de l'armée, ce jeune général contribua puissamment au succès
de la bataille des Pyramides (21 juillet 1798) : il se
couvrit de gloire dans cette mémorable journée.

Après cette dernière victoire, Bonaparte s'occupa

surtout de l'organisation du pays, laissant à d'autres le soin d'achever la conquête. « Desaix reçut pour mission de soumettre, avec sa division, toute la haute Egypte, défendue par Mourad-Bey. Il partit, en effet, le 28 août avec quatre ou cinq mille hommes de toutes armes, dont cinquante cavaliers, montés sur d'excellents chevaux, et une flottille qui lui assurait la supériorité sur le Nil et les canaux. » Ce fut avec cette poignée d'hommes que Desaix, en cinq mois, parvint à vaincre et à détruire la brillante cavalerie de Mourad-Bey et à conquérir toute la haute Egypte, après avoir livré plusieurs combats remarquables (Sédiman, Soaki, Tatah, Stamboul, Coptos). En effet, il était maître de Syène le 12 février 1799.

Sa mission n'était cependant point encore entièrement remplie, car il dut consacrer cinq autres mois à réprimer les insurrections et affermir ses conquêtes. Ce fut à cette époque que les habitants de la haute Egypte décernèrent à Desaix le surnom de *Sultan juste*. Déjà, quelques années auparavant, en Allemagne, les paysans l'appelaient le *bon général* ; enfin ses soldats, qui l'adoraient, l'avaient familièrement surnommé *Epaminondas*. Le jeune général était digne de tous ces surnoms.

Si cette campagne dans la haute Egypte avait été brillante, elle avait aussi été fort pénible, ainsi que le faisait ressortir Desaix lui-même dans la lettre suivante adressée au général Mathieu :

« Je ne suis pas surpris que vous n'ayez pas tout ce qu'il vous faut pour comprendre notre pénible campagne de la haute Egypte. Les opérations du Delta et de la Syrie étaient dans l'ordre ordinaire ; dans l'autre partie, elle ne ressemble à rien de ce qui est connu. Ce

n'était pas une guerre, c'était une chasse difficile, consistant à forcer avec la seule infanterie une cavalerie
intrépide, ne combattant jamais qu'à sa fantaisie, ne
pouvant qu'être surprise, mais jamais forcée de combattre. Recrutée à tout instant par ses nombreux partisans et par quelques-unes des tribus arabes que
déterminaient l'appât du butin et la facilité d'échapper
au danger, cachée dans d'immenses déserts où des
fontaines et quelques pâturages lui permettaient de
subsister à couvert de l'ennemi, il était presque impossible d'obtenir des succès décisifs. Ce n'est que par des
marches continuelles, une grande activité, ce n'est
qu'en créant des compagnies de dromadaires, que nous
avons pu parvenir à détruire un ennemi toujours étonnant par sa constance. Souvent surpris et battu, et
rejeté hors du territoire de l'Egypte, l'horrible faim le
ramenait aussitôt, trente ou quarante lieues au-dessous du point où on l'attendait. Jamais une poursuite
n'a été moindre de cinq cents lieues (*sic*), et nous en
avons fait plus d'une. Cent fois, pendant la nuit, nous
avons surpris Mourad-Bey et lui avons enlevé armes,
chevaux et équipages; chaque fois, perdu dans l'immensité des déserts, il s'est réorganisé : il avait encore
cent cavaliers des quatre mille Mamelucks qui composaient sa troupe particulière à la bataille de Stamboul.
Le récit de notre campagne ne serait que celui de notre
excessive patience, de nos souffrances, mais non de nos
combinaisons. »

Ce récit est parfaitement exact, sauf toutefois en ce
qui concerne les cinq derniers mots que sa modestie
très grande a seule pu inspirer au jeune et vaillant
général. La patience des troupes avait certainement
beaucoup contribué à la réussite de la campagne, mais

ce furent les talents militaires de Desaix qui en assurèrent constamment le succès. Bonaparte, excellent juge en pareille matière, rendit justice à son lieutenant. Il lui écrivait le 14 août 1799, à l'occasion de la conquête de la haute Egypte : « Elle est due à vos bonnes dispositions et à votre constance dans les fatigues. »

Rappelé au Caire par Kléber au mois de septembre 1799 (Bonaparte venait de retourner en France), Desaix fut chargé de préparer la convention d'El-Arisch avec les Turcs, convention dont nous avons déjà parlé dans le chapitre consacré à Kléber. Les négociations durèrent deux mois, du 7 décembre 1799 au 28 janvier 1800.

Quelques semaines après leur rupture, le 3 mars, Desaix s'embarquait à son tour pour la France ; mais, moins heureux que Bonaparte, le vaisseau qui le portait fut capturé en route — en face des îles d'Hyères — et Desaix fait prisonnier par les Anglais, malgré un sauf-conduit que lui avait fait délivrer le commodore Sidney Smith. Sa captivité dura un mois. L'amiral anglais Keith se conduisit à son égard, « non comme un soldat, mais comme un porte-clefs. » L'amiral, par raillerie de l'égalité française, trouva plaisant de lui faire dire que, comme aux soldats prisonniers, on lui donnerait vingt sols par jour.

« J'ai traité, répondit Desaix, avec les Mamelucks, avec les Arabes du grand désert, avec les noirs du Darfour ; ils respectent la parole donnée et n'insultent pas leurs prisonniers. Je suis avec mes soldats, et ne me plains de rien que du manque de foi. »

A peine libre, Desaix écrivit à Bonaparte, alors premier consul : « Ordonnez-moi de vous rejoindre, général ou soldat, peu m'importe, pourvu que je combatte à côté de vous. Un jour sans servir la patrie est un jour retranché de ma vie. » Et, sans même prendre le temps d'aller voir sa famille , il partit pour l'Italie , où Bonaparte venait de conduire inopinément son armée par les sentiers à peine frayés du mont Saint-Bernard. Il rejoignit le premier consul au quartier général de Montebello, à temps pour prendre part à la bataille de Marengo (14 juin 1800).

Desaix se trouvait éloigné du champ de bataille, car il avait été envoyé par Bonaparte dans une direction opposée. Au bruit du canon, il arrêta tout d'abord la marche de sa division, puis , par une soudaine et heureuse inspiration, il se porta en toute hâte du côté où il entendait le bruit de la bataille. Il arriva auprès du premier consul à trois heures, au moment où la journée était considérée comme perdue pour nous et où la plupart des généraux étaient d'avis de battre en retraite. Desaix, consulté, regarde le champ de bataille, tire sa montre, et dit simplement :

— Oui, la bataille est perdue, mais il n'est que trois heures ; il reste encore le temps d'en gagner une autre.

Bonaparte se range avec joie à cet avis. Les deux généraux concertent rapidement un nouveau plan de bataille, et Desaix , à la tête de la neuvième légère, s'élance contre les Autrichiens. Il est presque aussitôt frappé d'une balle en pleine poitrine.

— Cachez ma mort, dit-il en tombant au général Roudet, car cela pourrait ébranler les troupes.

Loin de là, cependant, les soldats s'élancent avec une nouvelle ardeur pour venger la mort de leur général, et bientôt les Autrichiens, qui se considéraient déjà victorieux, sont écrasés et mis en fuite sur toute la ligne.

— Bien belle journée, s'écria douloureusement le premier consul, si ce soir j'avais pu embrasser Desaix sur le champ de bataille !...

De son côté, quelques minutes avant de rendre le dernier soupir, Desaix avait laissé échapper ces paroles de regret :

— Dites au premier consul que je regrette de mourir avant d'avoir assez fait pour la postérité.

Coïncidence bizarre : le même jour, à la même heure où Desaix recevait le coup mortel, Kléber tombait au Caire sous le poignard de l'assassin Soleyman.

« A tant de vertu et d'héroïsme, avait dit Bonaparte, je veux décerner un hommage tel qu'aucun homme ne l'a reçu. Le tombeau de Desaix aura les Alpes pour piédestal, et pour gardiens les religieux du Saint-Bernard. »

Ses restes furent en effet transportés dans l'hospice du grand Saint-Bernard, où devait lui être élevé un monument funèbre, qui ne fut jamais construit. Sur le champ de bataille de Marengo on lui en érigea un que les Autrichiens détruisirent plus tard. Un cénotaphe fut construit en son honneur dans une île du Rhin, près de Kehl. D'autres monuments lui furent élevés à Clermont-Ferrand et à Riom : ce sont les seuls consacrés à sa mémoire qui subsistent encore aujourd'hui. La fontaine de la place Dauphine, à Paris, où l'on voyait la France debout couronnant de lauriers le buste du héros, a été enlevée il y a quelques années. Enfin, sa statue colossale qui se dressait place des Victoires a été renversée en 1814, lors de l'entrée des alliés à Paris.

L'éloge funèbre de Desaix fut prononcé à l'Institut par Garat, et à la Société philotechnique par J. Lavallée.

Ses funérailles furent célébrées au Caire comme en France, et sa mémoire y était si vénérée, que Mourad-Bey, son ancien adversaire dans la haute Egypte, se fit représenter à cette cérémonie funèbre du général qui l'avait jadis vaincu.

Desaix était d'une extrême probité : jamais il ne prit rien pour lui des contributions de guerre. « Ce qui est permis aux autres, disait-il, ne l'est pas à ceux qui commandent des soldats. » Après avoir traversé en conquérant les plus riches contrées de l'Allemagne, il se trouvait tellement à court d'argent, qu'un jour, à Neuf-Brisach, on fut obligé de payer pour lui sa dépense personnelle.

« Son courage et son activité, dit M. Gœpp, n'étaient pas moins grands que son désintéressement. Aussi sut-il inspirer une admiration réelle même à nos ennemis. Un prisonnier autrichien, qui l'avait vu assister à toutes les batailles, disait en parlant de lui : « Votre Desaix n'a « donc jamais dormi ? » Et un grenadier français s'écriait avec humeur, en le voyant toujours le premier au feu : « Si cela continue, je me brûlerai la cervelle : cet homme « est toujours devant moi. »

« De tous les généraux que j'ai eus sous moi, dit, de son côté, Napoléon dans ses *Mémoires*, Desaix et Kléber ont été ceux qui avaient le plus de talent. Desaix ne rêvait que la guerre et la gloire ; les richesses et les plaisirs n'étaient rien pour lui ; il ne leur accordait pas même une seule pensée. C'était un petit homme d'un air sombre, à peu près d'un pouce moins grand que moi, toujours vêtu avec négligence, quelquefois même déchiré, méprisant les jouissances et même les commodités de la vie. Plusieurs fois, lorsqu'il était en Egypte, je lui fis présent d'un équipage de campagne complet; mais il le perdait aussitôt. Enveloppé dans son manteau, Desaix se jetait sur un canon et dormait aussi à l'aise que s'il eût été couché sur l'édredon. La mollesse n'avait pour lui aucun charme. Droit et honnête dans tous ses procédés, les Arabes l'avaient surnommé le *Sultan juste.* »

Et Napoléon Ier ajoute un peu plus loin : « Le talent de Desaix était de tous les instants ; il ne vivait, ne respirait que l'ambition noble et la véritable gloire ; c'était un caractère tout à fait antique. Il aimait la gloire pour elle-même, et la France par-dessus tout. »

IV.

# HOCHE.

« Vaillants comme Dunois et La Hire, sobres et durs à la fatigue, parce qu'ils étaient les fils du laboureur et de l'artisan, les officiers supérieurs de la République marchaient à pied à la tête des compagnies, et couraient les premiers au combat et sur la brèche. Leur existence était tissue de privations, car l'administration militaire ne pouvait pas toujours fournir à leurs besoins ; et ils eussent cru s'avilir en prenant part au pillage, tant ils avaient le cœur haut placé ! Etrangers aux jouissances d'amour-propre de l'officier général, exempts de l'ivresse du soldat, ces martyrs du patriotisme vivaient de cette vie morale qui se consume dans la résignation du devoir. Une mort à peu près certaine les attendait loin de la patrie, et le nom de la plupart d'entre eux devait rester ignoré. Que de beaux caractères dans une classe qu'on ne louera jamais assez ! » (Général Foy.)

Tels furent en effet les officiers de nos armées de la Révolution et de la République. Le général Foy, qui les avait vus à l'œuvre, a tracé de leurs mâles. et héroïques physionomies un portrait parfaitement authentique et ressemblant. Parmi tous ces grands patriotes, Hoche fut un des plus admirables ; il est une des gloires les plus pures de la France. Sans appuis, sans protections, prenant toujours pour guides sa conscience et son patriotisme, rien que par son intelligence, son énergie et sa persévérance, Hoche s'éleva rapidement au premier rang.

Louis-Lazare Hoche naquit le 24 juin 1768, à Montreuil, auprès de Versailles. Son père, vieux militaire couvert de blessures, était palefrenier à la vénerie du roi. L'enfant était encore en bas âge lorsqu'il perdit sa mère. Une tante, fruitière à Montreuil, se chargea de l'éducation du jeune orphelin. Grâce à elle, il reçut une instruction primaire un peu complétée par un oncle maternel, avec lequel il apprit les éléments du latin. Dès qu'il arriva en âge de se rendre utile, il entra avec son père aux écuries du roi en qualité d'aide-palefrenier. Puis, à seize ans, il s'engagea dans les gardes françaises, et il avait déjà conquis les galons de sergent lorsque éclata la révolution de 1789.

Désireux de s'instruire, le jeune militaire économisait sur sa solde pour acheter des livres. La solde étant maigre, il eut en outre le courage et l'énergie de consacrer à des travaux manuels une partie de ses instants de loisir, afin d'acheter avec ce salaire supplémentaire un plus grand nombre de volumes. Il put de la sorte

étudier Tite-Live, Plutarque, Tacite, qui devinrent ses
auteurs favoris.

Hoche.

Lors de la prise de la Bastille, le 14 juillet 1789,
Hoche combattit avec les gardes françaises et passa,

comme adjudant, dans la garde nationale soldée, puis dans l'armée active. Le 18 mai 1792, il était nommé lieutenant dans l'ancien régiment de Rouergue, le 58ᵉ d'infanterie, et envoyé à la frontière pour défendre la patrie en danger. Lorsqu'il rejoignit son corps à Thionville, le 24 juin 1792, il avait juste vingt-quatre ans.

« Tout jeune, s'écriait Léon Gambetta en juin 1872 (1), Hoche entre dans les gardes françaises ; il assiste et collabore à la prise de la Bastille, la plus grande date révolutionnaire ; il ne se dément pas plus tard, et dans toutes les journées on le retrouve. A Thionville, il fait des prodiges ; à l'armée des Ardennes, il inaugure le système nouveau et hardi des reconnaissances, qui le fait remarquer par le général Leveneur, qui se l'attache ; on l'envoie à Dunkerque, qu'il débloque ; puis il est désigné comme suspect, et il vient se constituer prisonnier. Croyez-vous qu'il s'en émeuve ? Du tout : il reste le fils de la Révolution ; il comparaît devant ses juges, s'explique, affirme nettement ce qu'il pense, sans rien rejeter de ses idées ; on l'acquitte et on le fait brigadier.

« On l'envoie immédiatement à l'armée de Moselle (2).

« C'est là qu'il apparaît avec cette figure d'une si étonnante pureté, cette décision d'esprit, cette promptitude de résolution, qui en font véritablement un homme nouveau dans des temps nouveaux.

« En effet, dans quelle situation arrive-t-il prendre le commandement de l'armée de Moselle ?

---

(1) Discours prononcé à Versailles, à l'anniversaire du général Hoche.

(2) En qualité de général en chef. Il avait vingt-cinq ans.

« Ce qu'on appelait l'armée de Moselle, c'était une troupe composée de quinze à vingt mille hommes , mal armés , mal équipés, avec l'indiscipline partout. Les chefs n'étaient pas obéis ; les soldats mettaient le gaspillage jusque dans les vivres qu'on volait ; partout, enfin, on ne voyait que la confusion, le désordre et l'indiscipline.

« Hoche arrive, et nous voyons aussitôt apparaître un des symptômes les plus visibles de la grandeur de ce caractère, de la nouveauté de cette méthode révolutionnaire.

« Dès son arrivée, il aborde immédiatement les soldats, interroge les officiers, ouvre les rangs, se rend compte de tout et parle sévèrement quand il le faut. C'est là qu'il fit cet admirable choix de lieutenants, parmi lesquels Michel Ney.

. . . . . . . . . . . . . . . . . .

« Cent mille Allemands bordaient la frontière. L'armée du Rhin, sous Pichegru, était neutralisée ; Hoche projette de se jeter entre les Prussiens du Palatinat et ceux des Vosges, de les couper, d'enlever les lignes de Wissembourg et de passer au cœur de l'Allemagne. C'était là un plan hardi, il l'exécute et réussit malgré la mauvaise volonté de quelques-uns et l'attitude de Pichegru. »

Le 6 nivôse (26 décembre 1793), Hoche rejoignit Pichegru. Aussitôt les deux armées , en présence des représentants du peuple Saint-Just, Lebas, Lacoste, Baudot et Dentzel, se précipitèrent sur l'ennemi au chant de la *Marseillaise* et reprirent les lignes de Wissembourg. Deux jours plus tard, Landau était débloqué ; puis, Spire et Worms tombaient successivement en notre pouvoir.

Jamais le sang-froid et l'intrépidité de Hoche n'étaient un instant en défaut, même dans les circonstances les plus critiques. Les épisodes suivants, absolument authentiques, en font foi :

« A Wœrth, un boulet coupe en deux un arbre qui tombe sur lui ; on le croit mort : il sort des branches aussi calme que s'il avait été sous sa tente et continue à commander.

« Peu après, son cheval est tué sous lui ; il tombe adroitement, se relève aussitôt et dit gaiement :

« — Il paraît que ces messieurs veulent me faire servir dans l'infanterie.

« Et il saute lestement en selle sur le nouveau cheval que lui présente son ordonnance.

« A Frœschwiller, une batterie ennemie causait beaucoup de ravages dans les rangs des républicains. Hoche s'écrie :

« — A six cents livres la pièce, mes enfants ; enlevez-les.

« — Adjugé ! répond-on en chœur.

« Et on enleva les canons.

« Le 3e hussards toucha 3,600 livres pour six pièces ; le 4e dragons et un bataillon de la 55e demi-brigade eurent 2,400 livres chacun pour les huit pièces prises par ces deux régiments.

« Quatre bataillons du Bas-Rhin reçurent aussi leur prime dans les mêmes conditions. » (Edmond DUTEMPLE et Louis POVILLE.)

Hoche aurait voulu profiter de ces premiers succès pour porter la guerre au cœur de l'Allemagne, qui, épouvantée par les désastres qu'elle venait d'éprouver, n'aurait pu résister à une attaque foudroyante. Mais Pichegru secondait mal ses desseins à cet égard ; et,

d'un autre côté, des ennemis puissants le desservirent
auprès du Comité de Salut public et ne lui laissèrent
pas le temps d'exécuter son plan. Successivement
rappelé de l'armée, décrété d'accusation et arrêté,
Hoche fut enfermé d'abord à la prison des Carmes, puis
à celle de la Conciergerie, pour être traduit devant le
tribunal révolutionnaire. Il resta emprisonné pendant
cent quatorze jours, « ayant déjà un pied sur les
marches de l'échafaud !... monstrueuse récompense
de la conquête du Rhin !... » suivant l'expression
indignée de Michelet. Il sortit de son cachot le
9 thermidor an II (27 juillet 1794), aussi ignorant
de ce qui avait motivé sa disgrâce que lorsqu'il y était
entré.

Un mois avant son arrestation, Hoche avait épousé à
Thionville une jeune fille de quinze ans, M<sup>lle</sup> Adélaïde
Dechaux.

A peine libre, le général républicain sollicita un
nouveau commandement. Carnot lui confia, le
21 août 1794, celui de l'armée des côtes de Bretagne,
chargée de terminer la guerre sauvage et implacable
que les Chouans faisaient à la République. Forcé de se
battre contre des Français égarés, Hoche s'écriait tris-
tement, en se rendant à son poste : « Que ceux qui
combattent les Prussiens sont heureux ! » Belle parole
montrant bien le noble et généreux caractère du
patriote qui adoucit, autant que cela lui fut possible,
les malheurs de la guerre civile.

Hoche réorganisa d'abord la discipline, jusque-là très
relâchée, de l'armée républicaine ; puis il réussit en
moins d'un an à acculer les Chouans à Quiberon, où il
leur infligea une sanglante défaite, ainsi qu'aux Anglais
et aux royalistes émigrés qui venaient de débarquer

sur la presqu'île pour renforcer les troupes rebelles (20 juillet 1795).

A la suite de ce dernier fait d'armes, Hoche avait été nommé commandant en chef de l'armée de l'Ouest (31 août 1795). Une autre année lui suffit pour faire rentrer dans le devoir les dernières bandes insurgées qui tenaient encore la campagne ; pour s'emparer de leurs principaux chefs, Stofflet et Charette, et pour mettre fin à la guerre civile. Au mois de juillet 1796, Hoche avait accompli ce que onze généraux en chef n'avaient pu faire avant lui : il avait pacifié la Bretagne et la Vendée. Le gouvernement lui fit présent de deux magnifiques chevaux et d'une paire de pistolets de combat, « comme marque de satisfaction pour les services qu'il avait rendus à la patrie et pour honorer, dans sa personne, ses braves défenseurs qui, sous ses ordres, avaient terminé la longue et malheureuse guerre de la Vendée et des Chouans. » (*Décret déclarant que Hoche avait bien mérité de la patrie.*)

Sans l'appui que l'Angleterre avait prêté aux Chouans pendant toute la durée de leur insurrection, leur révolte eût été plus rapidement pacifiée. Hoche ne pouvait pardonner à la Grande-Bretagne cette intervention qui avait pendant trop longtemps fait couler le sang français. La France, à son tour, ne pourrait-elle pas jeter une flotte de débarquement sur les côtes d'Irlande, qui, une fois affranchie et délivrée du joug qui l'opprime depuis des siècles, deviendrait l'alliée et l'amie de la République française ? Ne serait-ce point là pour l'Angleterre une punition justement méritée ?

Tel était le projet caressé par le pacificateur de la Vendée. Il le soumit au Directoire, qui lui donna pleins pouvoirs pour l'exécuter. Mais, d'abord, le mauvais

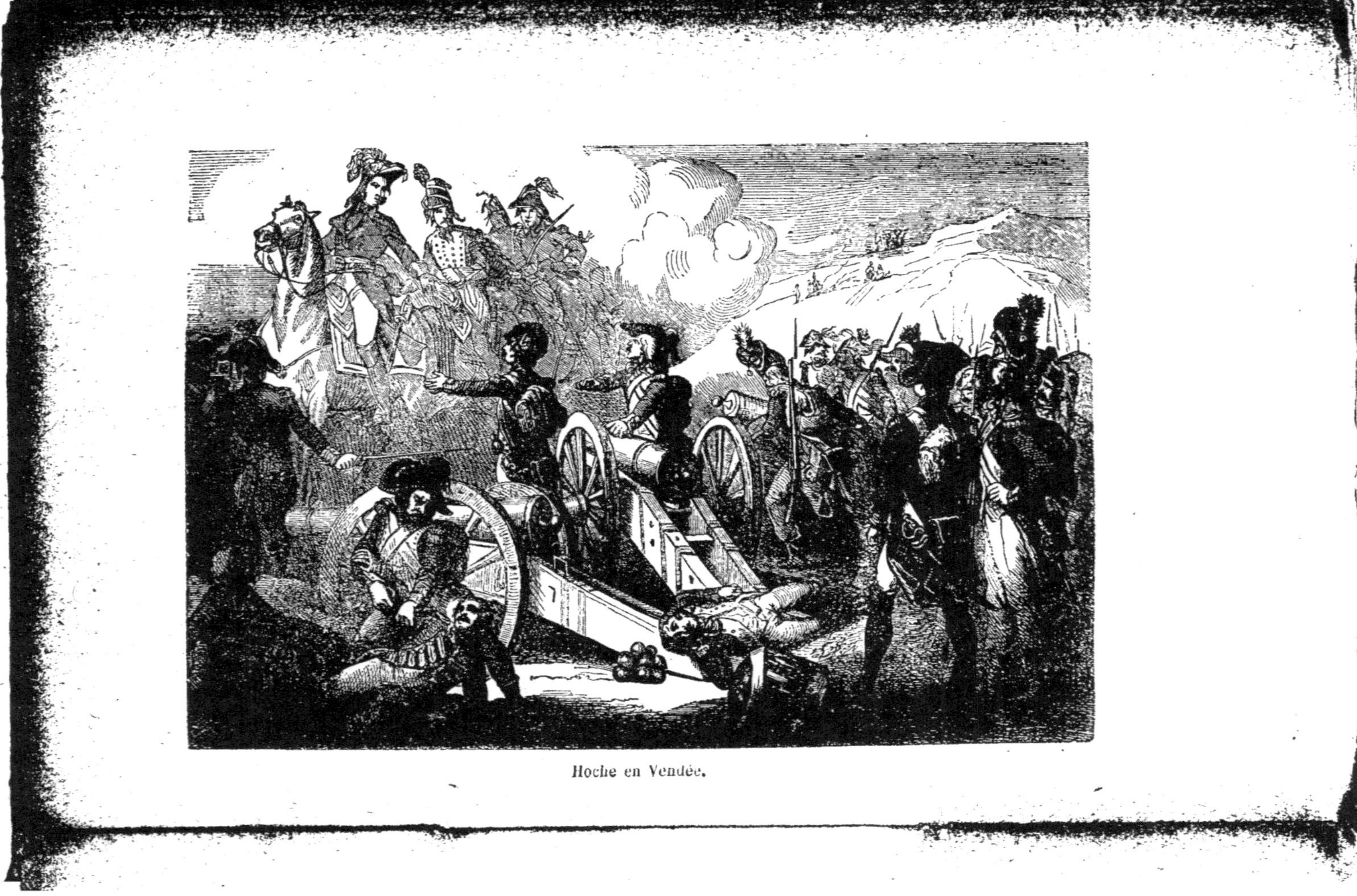

Hoche en Vendée.

vouloir de quelques officiers de marine, puis une tempête épouvantable, qui dispersa les vaisseaux transportant les troupes de débarquement, firent avorter l'expédition dès son début. Enfin, au moment où il se préparait à renouveler sa tentative, Hoche fut appelé par le Directoire au commandement de l'armée de Sambre-et-Meuse ; forcé en conséquence d'en ajourner l'exécution, il se rendit aussitôt à son nouveau poste (janvier 1797).

Au bout de quelques mois, les Autrichiens, vaincus à Neuwied, dans deux autres batailles et dans cinq combats, étaient forcés de demander la paix ; et l'armée française, pendant les préliminaires de Léoben, prenait ses cantonnements sur les bords de la Nidda. Hoche songeait encore à son expédition en Irlande. Toutefois, les lenteurs et les indiscrétions du Directoire, puis les embarras suscités par le gouvernement anglais, finirent bientôt par lui faire renoncer définitivement à son projet, devenu impraticable.

Le jeune général venait à peine d'être investi du commandement en chef des deux armées de Sambre-et-Meuse et de Rhin-et-Moselle (27 septembre 1797), réunies sous le nom d'armée d'Allemagne, lorsqu'il se sentit atteint d'un mal étrange auquel il succomba, le 18 septembre 1797, à son quartier général de Wetzlar. Il est à peu près certain qu'il mourut empoisonné ; mais l'assassin ne put être découvert.

On fit au héros de splendides funérailles, auxquelles assistèrent les Allemands. Les soldats autrichiens rendirent les honneurs militaires à celui qui les avait vaincus. Dans toute la France ce fut un deuil général : chaque chef-lieu de canton organisa des cérémonies funèbres où fut prononcé l'éloge de Hoche. A Paris, la solennité, qui eut lieu au Champ-de-Mars, fut imposante. Voici la description, faite par un contemporain, de cette cérémonie, empreinte d'une sévère grandeur :

« Le 1ᵉʳ octobre 1797, à dix heures du matin, tous les membres du Directoire, réunis avec les ministres, les membres des tribunaux, les professeurs, l'Institut, se rendirent au Champ-de-Mars : chaque membre du cortège tenait à la main une branche de laurier ou de chène ; la marche était dirigée par un corps de musique exécutant des airs de musique entrecoupés par le son lugubre du tambour. Au milieu du cortège, et devant le Directoire, quatre anciens guerriers portaient l'effigie du général Hoche couronné du laurier de l'immortalité ; la draperie était soutenue aux quatre coins par quatre généraux amis du général Hoche. Le cortège se dirigea vers l'autel de la Patrie. En avant s'élevait une pyramide portant sur chacune de ses faces une inscription rappelant les principaux traits de la vie militaire du général Hoche.

« Le président du Directoire, du haut de l'estrade, prononce un discours dans lequel il remémore les vertus de Hoche. Puis les élèves du Conservatoire et des chœurs d'hommes chantent des strophes de Chénier, mises en musique par Chérubin.

« Au dernier couplet, l'émotion générale fait place à des applaudissements universels ; un chœur d'hommes et de femmes entonne l'hymne : *Amour sacré de la Patrie.* Le Directoire se lève et se découvre ; tous les citoyens sur le tertre de l'enceinte du Champ-de-Mars les imitent et répètent la reprise : *Aux armes, citoyens.* A ces chants se mêlent une décharge d'artillerie et un feu de peloton de tous les corps de troupe. Le *Chant du départ* est aussi entendu.

4

« Toutes les troupes, cavalerie, artillerie et infanterie, défilent devant le mausolée ; chaque membre du cortège dépose en passant la branche qu'il tient à la main, et bientôt le buste se trouve reposé sur un lit de feuilles de chêne et de laurier. Le canon continue à se faire entendre. »

En face de Neuwied, sur un mamelon, au bord du fleuve, se voit un obélisque de granit rouge, bâti sur un soubassement circulaire en maçonnerie. L'inscription porte :

L'ARMÉE DE SAMBRE-ET-MEUSE A SON GÉNÉRAL
HOCHE.

Cependant Hoche n'est pas là. A l'endroit où la Moselle se jette dans le Rhin, à quelques pas de la route de Cologne, se trouve une redoute qu'on appelle le *Petersberg*. En franchissant la première enceinte, à gauche, on voit une pierre plate, sans inscription ni emblème. C'est là que dort — tout auprès de Marceau — celui dont Napoléon disait : « Si Hoche avait vécu ou se fût trouvé un jour sur mon chemin, je me serais rangé de moi-même. »

La ville de Versailles, privée de la dépouille mortelle de son glorieux enfant, songea, dès 1830, à élever à sa mémoire un monument digne de lui. Une statue de Hoche, en marbre blanc, exécutée à Rome en 1808 par le sculpteur Milhomme et destinée au *Temple de la Gloire*, qui ne fut jamais inauguré, existait dans les dépôts de l'Etat. Versailles obtint du gouvernement de Juillet la jouissance de cette œuvre d'art ; et le 5 août 1832, en présence de la veuve, des deux petits-fils et du gendre du général Hoche, le monument fut solennellement inauguré sur la place Dauphine, qui prit, à cette occasion, le nom de place Hoche.

Le général était représenté assis et vêtu à l'antique Toutefois, un peu plus tard, le 17 mars 1834, le conseil municipal de Versailles décida de remplacer la statue assise par une nouvelle statue debout avec le costume historique. Cette dernière, œuvre de Lemaire — l'auteur du fronton de la Madeleine — fut coulée par le fondeur Gonon avec le bronze de canons provenant de la prise d'Alger. Elle fut inaugurée à son tour le 7 août 1836, à la place de la statue assise, que l'on transporta dans une des galeries de sculpture du musée de Versailles, où on la voit encore aujourd'hui.

Le 24 juin 1868, Versailles fêta le centenaire de la naissance de Hoche et institua en son honneur — à partir de cette époque — des fêtes célébrées chaque année le 24 juin, jour anniversaire de sa naissance. Ce fut à l'une de ces solennités, en 1880, que le conseil municipal rétablit en partie, sur le piédestal de la statue du héros, une inscription composée à cet effet par Villemain, en 1832, et retrouvée dans les archives de la ville par M. Victor Bart, le consciencieux et savant auteur des *Documents historiques sur Versailles*. à qui nous devons les renseignements qui précèdent sur les deux statues de Hoche. Voici cette inscription telle qu'on la lit actuellement sur le côté du socle faisant face à la place d'Armes :

HOCHE,

NÉ A VERSAILLES

LE 24 JUIN 1768,

SOLDAT A SEIZE ANS,

GÉNÉRAL EN CHEF A VINGT-CINQ ANS,

MORT A VINGT-NEUF ANS,

PACIFICATEUR DE LA VENDÉE.

L'UN DES FONDATEURS DE NOTRE LIBERTÉ,
IL VAINQUIT L'ÉTRANGER ET PACIFIA SON PAYS.
ÉLEVÉ AU-DESSUS DE TOUTES LES FACTIONS
PAR SON GÉNIE ET SON HUMANITÉ,
HÉROS CITOYEN,
SON NOM EST PUR AUTANT QU'IMMORTEL.

WEISSEMBOURG, QUIBERON, LE PASSAGE DU RHIN,
NEUWIED, ALTENKIRKEN,
LA ROUTE DE VIENNE ET LA COTE D'IRLANDE,
DIRONT A LA POSTÉRITÉ LA PLUS RECULÉE
SES VERTUS GUERRIÈRES ET SES GRANDS DESSEINS.

MORT TROP TOT POUR LA FRANCE,
S'IL EUT VÉCU, SA GLOIRE TOUJOURS CROISSANTE
N'EUT JAMAIS RIEN COUTÉ A LA LIBERTÉ DE SA PATRIE.

## V.

## MARCEAU.

Marceau (François-Séverin des Graviers) naquit à
Chartres le 1<sup>er</sup> mars 1769. Il était l'aîné des six enfants
qu'eut d'un second mariage son père, procureur au bail-
liage de Chartres. Une sœur du premier lit, de quinze
ans plus âgée, fut pour l'enfant comme une seconde
mère, qui ne cessa de lui prodiguer ses soins et son
affection. Bien que mariée à M. Champion, procureur,
lui aussi, à Chartres, elle fit l'éducation de son jeune
frère, à la mémoire de qui elle fut fidèle pendant toute
sa vie ; car elle eut la douleur de lui survivre longtemps.

Sa famille, qui le destinait au barreau, aurait désiré
que Marceau commençât par entrer en qualité de clerc

chez son beau-frère, M. Champion ; mais le jeune homme se sentait attiré par l'état militaire. Il s'engagea à seize ans, le 2 décembre 1785, dans le régiment d'Angoulême. Sergent en 1789, il embrassa avec enthousiasme les idées de la Révolution. Le 14 juillet, il se trouvait à Paris et prit part à la prise de la Bastille ; puis, il revint peu après à Chartres, en vertu d'un congé qui fut accordé par l'Assemblée nationale à tous les soldats qui s'étaient ouvertement déclarés pour les idées nouvelles.

Reçu froidement par les siens, il écrivait à sa sœur qui habitait alors Paris : « Pas un de leurs cœurs ne s'est ouvert pour moi ; vous seule m'avez serré dans vos bras.... Ne vous séparez pas d'avec moi, de votre fils, ma douce sœur, car je vous dois tout comme à une mère tendre. »

Elu commandant du bataillon des volontaires d'Eure-et-Loir, il passa son temps, à Chartres, à instruire les recrues jusqu'au moment du départ pour la frontière, en juillet 1792. A l'armée du Nord, il arrêta, par des paroles énergiques, les soldats prêts à suivre La Fayette sur le territoire étranger. Marceau était à Verdun avec Beaurepaire ; ce fut lui qui, en qualité de plus jeune officier, fut contraint par le règlement de porter au roi de Prusse la capitulation de cette place. Tous ses effets avaient été perdus à Verdun ; un représentant du peuple lui offrit de les lui faire remplacer.

« Donnez-moi seulement un sabre pour venger notre honneur, » répondit fièrement Marceau.

Envoyé à la légion germanique, il était déjà lieutenant-colonel lorsque, le 25 mars 1793, il fut dirigé sur la Vendée, alors en pleine insurrection contre la République. A peine arrivé, il fut, avec quelques autres

officiers, impliqué par le représentant du peuple Bourbotte dans un prétendu complot de trahison et immé-

Marceau.

diatement arrêté. Facilement acquitté par le tribunal
révolutionnaire devant lequel il comparut, il se vengea

noblement de son accusateur le lendemain même de sa mise en liberté. C'était à la désastreuse bataille de Saumur. Bourbotte, démonté, était en danger d'être pris et fusillé par les royalistes. Marceau mit pied à terre et obligea le représentant à prendre son cheval, en lui disant :

« Il vaut mieux qu'un obscur soldat comme moi périsse qu'un représentant du peuple. »

Nommé général de brigade à la suite de cet acte d'abnégation, il fut promu général de division quelques semaines plus tard. Il n'avait que vingt-quatre ans.

Marceau concourut à la victoire d'Antrain et déploya de grands talents militaires sous les murs du Mans, où, de concert avec Kléber, il écrasa les Vendéens ; puis, continuant sa marche en avant, il remporta une nouvelle victoire à Savenay, le 22 décembre ; deux jours après, il entrait à Nantes aux acclamations du peuple.

Aussi humain après la victoire que brave pendant la bataille, le jeune général se signala par sa sollicitude pour les vaincus, et plusieurs lui durent de ne pas être victimes de la fureur des soldats. Sa générosité faillit même lui coûter la vie. En effet, ayant recueilli sous sa tente une jeune fille d'une grande beauté, qui fuyait devant les troupes républicaines, Marceau, accusé d'avoir donné asile à une ennemie du peuple, fut incarcéré et passa en jugement. Ce fut Bourbotte qui le sauva cette fois, grâce à un ordre qu'il avait obtenu du Comité de Salut public.

« Après quelque repos, Marceau vint à Paris et fut présenté à Carnot. L'*organisateur de la victoire* travaillait à son bureau ; il relève la tête, considère le général d'un regard rapide, et, lui tendant les bras :

*Vous êtes bien jeune pour gagner des batailles*, lui dit-il. Emu de cet accueil, Marceau ne put que balbutier quelques mots. » (Alph. LEVRAY.)

Envoyé à l'armée des Ardennes en avril 1794, Marceau passa en juin à celle de Sambre-et-Meuse sous les ordres de Jourdan. Là, il combattit en compagnie de Kléber, son ami et ancien compagnon d'armes de la Vendée, de Bernadotte et de Championnet. « Commandant de l'aile droite de l'armée, à Fleurus, il décida de la victoire par son sang-froid et son courage. Nous le retrouvons plus tard aux batailles de l'Ourthe et de la Boër. Puis, le 23 octobre 1794, il se présenta avec une poignée d'hommes devant Coblentz, s'empara du camp retranché des Autrichiens, et, sous les yeux de quinze mille ennemis, il entra dans la ville.

« En 1795, une fausse manœuvre ayant compromis la retraite de Bernadotte, et voyant la division entière sur le point d'être enveloppée par l'ennemi, Marceau, s'accusant injustement de cette faute et ne pouvant survivre à ce qu'il appelait son déshonneur, voulait se tuer. Déjà il avait dirigé un pistolet sur sa tempe, lorsque Kléber détourna l'arme et lui dit, en lui montrant un passage menacé : « Marceau, s'il le faut, c'est là que vous « devez tomber. Est-ce que vous ne comptez plus sur « votre frère d'armes, sur votre ami ? Montons à « cheval, tout peut encore se réparer. » En effet, les deux généraux arrêtèrent l'ennemi, et l'armée put continuer sa retraite en bon ordre. » (G. DEBRAS et E. DUPUY, *les cent dernières années de l'histoire du peuple français.*)

Marceau fit d'ailleurs des prodiges de valeur dans les campagnes de 1795 et de 1796 ; il vainquit même l'archiduc Charles, qui avait vaincu Jourdan ; mais, après

avoir investi Mayence, il fut contraint de lever le siège
de cette place et de concentrer ses forces, afin de cou-
vrir la frontière et de protéger avec succès la retraite de
Jourdan, repoussé par l'archiduc Charles. Dans l'espoir
de reprendre l'offensive, il voulait franchir le défilé
d'Altenkirken ; toutefois, avant d'engager son armée,
il tint à reconnaître lui-même le terrain et les positions
de l'ennemi. Suivi seulement d'un capitaine et de deux
ordonnances, il sortit des lignes françaises le 19 septembre 1796. Quelques éclaireurs tyroliens étaient dis-
séminés dans la plaine ; en se dissimulant dans les
broussailles, l'un d'eux parvint jusqu'auprès de la
petite troupe et fit feu sur le général français presque
à bout portant. Atteint en pleine poitrine, Marceau fut
transporté sur une civière jusqu'à Altenkirken, où tous
les officiers supérieurs vinrent le visiter. Comme ils ne
pouvaient retenir leurs larmes :

— Mes amis, leur dit-il, pourquoi me regretter ?
pourquoi me plaindre ? Je suis trop heureux, puisque je
meurs pour la Patrie !

« Son état ne permit pas de lui faire traverser le
Rhin. Pendant ce temps, l'armée française étant forcée
de se retirer, Jourdan recommanda le blessé à l'humanité des généraux ennemis. Le général autrichien Kray
avait délivré un sauf-conduit au général Marceau, ainsi
qu'à ceux qui le soignaient ou qui venaient le voir.
Marceau survécut deux jours à sa blessure. L'état-
major autrichien, ayant à sa tête le prince Charles, vint
visiter le glorieux mourant. Un tableau de M. Jean-Paul
Laurens a immortalisé cette scène sur une toile vivante.
Tous ces officiers, de la plus haute naissance, saluent
pieusement le jeune preux républicain. Assis près de
la couche mortuaire, un vieillard à cheveux blancs,

Kray, pleure en serrant la main de son adversaire de la veille.

« Le corps de Marceau, escorté par deux mille soldats autrichiens, fut rendu aux troupes françaises au pont de Neuwied. Ses funérailles eurent un caractère grandiose; on vit pleurer ses amis et ses ennemis ; l'artillerie des deux armées le salua par des salves rapprochées : cet hommage suprême est touchant. Mais ce qui est plus éloquent encore, ce sont les simples paroles prononcées par un Allemand , magistrat de Coblentz : « Il sauvegarda l'honneur de nos filles et de nos femmes; et, au sein de la guerre, il soulagea les peuples, préserva les propriétés et protégea le commerce et l'industrie des provinces conquises. » (Alph. LEVRAY.)

L'armée de Sambre-et-Meuse inhuma, dans la soirée du 23 septembre, le corps de Marceau dans l'intérieur de la redoute du Pétersberg, où Hoche devait à son tour être enseveli quelques mois plus tard. Lorsque commença la cérémonie funèbre, les salves d'artillerie de l'armée autrichienne se firent entendre de l'autre côté du Rhin, mêlant leur salut funéraire à celui des troupes républicaines. Un monument fort simple, une pyramide, dont Kléber, dit-on, avait fait le croquis, fut élevée au-dessus des restes de Marceau. Puis, quelque temps après, le corps du jeune héros fut brûlé, et ses cendres placées à l'intérieur du tombeau dans une urne de bronze sur laquelle on grava ces simples mots : *Hic cineres, ubique nomen.* (Ici sont renfermées seulement ses cendres ; son nom est répandu dans tout l'univers.)

Plus tard, en 1819, par suite de nouveaux travaux de fortification, le tombeau de Marceau fut déplacé et reconstruit à quelques mètres plus loin. Autour de lui furent inhumés, en 1871, les corps des soldats français morts prisonniers de guerre à Coblentz. Le nombre en fut assez considérable, hélas! pour former en cet endroit un véritable cimetière, où croît maintenant une herbe épaisse et dure.

« Marceau, mort à vingt-sept ans, dit M. Travers, avait beaucoup de sang-froid et une admirable justesse de coup d'œil, qui lui permettait de changer avec discernement un plan de bataille sur le terrain même. »

Quant à la pureté de sa vie et à ses sentiments d'humanité, l'éloge en a été fait par ses adversaires eux-mêmes. Voici, entre autres, un des plus beaux passages de Byron, où le grand poète anglais salue le tombeau du jeune général :

« Salut, pyramide simple et sublime! Tu couvres les cendres d'un héros. Il était notre ennemi ; mais honneur immortel à sa mémoire ! Sa vie fut glorieuse, courte et immortelle. Il se battit pour rendre la liberté à sa patrie. Il fut pur comme la cause qu'il avait embrassée, noble comme Paul-Emile, ferme comme Brutus. Il fut magnanime, et ses ennemis ont pleuré sur sa tombe ! »

Dès 1851, Chartres, sa ville natale, a élevé une statue de bronze à ce jeune héros. En outre, l'école militaire de Saint-Cyr possède actuellement la magnifique statue équestre de Marceau par le sculpteur Clésinger, qui avait été primitivement placée sur les Champs-Elysées, en face du Palais de l'Industrie, à Paris. Puissent nos jeunes officiers s'inspirer toujours dans l'avenir des vertus de leur glorieux devancier !

VI.

## BARRA ET VIALA.

De Barra, de Viala le sor  nous fait envie;
    Ils sont morts, mais ils ont vaincu !
Le lâche accablé d'ans n'a pas connu la vie !
    Qui meurt pour le peuple a vécu !

. . . . . . . . . . . . . . .

Au début de cette strophe du *Chant du départ*, Marie-Joseph Chénier a réuni dans une même apothéose patriotique le sort de Barra et de Viala, deux héroïques enfants, morts tous les deux au champ d'honneur, en 1793, pendant les luttes à jamais douloureuses de nos discordes civiles.

A son exemple, nous raconterons dans un même chapitre l'héroïsme dont ont fait preuve ces deux enfants de treize ans : dans notre beau pays de France quand la patrie est en danger, les êtres les plus faibles n'écoutent que leur courage et agissent en héros. Le cas échéant, des femmes, comme Jeanne d'Arc, Jeanne Hachette et Jacqueline Robins, des enfants, tels que Barra et Viala, ne calculent point si leurs forces sont à la hauteur de leur dévouement, et, dans une surexcitation sublime, accomplissent des actions que seulement des hommes robustes et vigoureux sembleraient devoir entreprendre.

Voici d'abord, d'après la version qu'en a donnée le *Magasin pittoresque* il y a une cinquantaine d'années, le récit de la mort de Barra :

Joseph Barra était un enfant de la commune de Palaiseau, près de Versailles. En 1792, saisi d'une exaltation précoce, il demanda à s'engager et entra dans la division de Bressuire, commandée par Desmares. Il n'avait pas douze ans. Il partagea toutes les fatigues et tous les dangers de la guerre. Une fois, il lutta seul contre deux ennemis et les fit prisonniers. Au mois de frimaire an II (le 22 novembre 1793), frappé au front d'un coup de sabre dans une mêlée, il tomba et mourut en pressant la cocarde tricolore sur son cœur (1).

Cette mort, qui eût été glorieuse pour tout soldat, parut héroïque dans un enfant qui, à un âge ordinairement insouciant et consacré aux jeux et au bonheur, avait compris et consommé volontairement un si grand sacrifice.

Le commandant Desmares en donna avis à la Con-

---

(1) Henri Martin raconte cet événement d'une façon un peu différente. « Barra, dit-il, enveloppé par les insurgés qui le sommèrent de crier : *Vive le roi !* répondit par le cri de : *Vive la République !* et mourut, criblé de coups, en embrassant sa cocarde tricolore. »

Mort de Barra.

vention. Il terminait ainsi son rapport : « Aussi ver-
tueux que courageux, se bornant à sa nourriture et à
son habillement, il faisait passer à sa mère tout ce qu'il
pouvait se procurer : il la laisse avec plusieurs filles et
son jeune frère infirme, sans aucune espèce de secours.
Je supplie la Convention de ne pas laisser cette
malheureuse mère dans l'horreur de l'indigence. »

La Convention décida que la patrie adoptait la mère
de Barra. Le 10 prairial an II, cette pauvre femme fut
admise, avec deux de ses enfants, dans l'enceinte de
l'Assemblée, et elle prit place quelques instants à côté
du président, qui était Prieur, de la Côte-d'Or. Des
applaudissements unanimes s'élevèrent et se prolon-
gèrent dans toutes les parties de la salle. Un orateur
lui adressa quelques paroles de consolation :

« Non, tu n'as rien perdu, lui dit-il, ton fils n'est pas
mort ; il a reçu une nouvelle existence, et il est né à
l'immortalité. »

Le théâtre de l'Opéra-Comique représenta une pièce
dont le héros était Joseph Barra ; la musique était de
Grétry. Le Théâtre-Français donna aussi une *Apothéose
du jeune Barra.*

Le 8 nivôse de la même année, on rendit le décret
suivant : « La Convention nationale décerne les
honneurs du Panthéon au jeune Barra. Louis David est
chargé de donner ses soins à l'embellissement de cette
fête nationale. La gravure qui représentera l'action
héroïque de Joseph Barra sera faite aux frais de la
République, d'après un tableau de David. Un exem-
plaire, envoyé par la Convention nationale, sera placé
dans chaque école primaire. »

Le tableau du célèbre peintre David n'a point été
exécuté. Barra n'a pas eu les honneurs du Panthéon.

Emu par les souvenirs que nous venons de retracer, notre grand sculpteur David d'Angers s'est donné lui-même la mission d'éterniser la mémoire de la jeune victime. Sa statue, chef-d'œuvre d'expression et de modelé, a été unanimement admirée au salon de peinture de l'année 1839. Elle est maintenant, croyons-nous, au Musée de Versailles.

La pensée exprimée par le décret de la Convention cité plus haut a été reprise, à la fin de l'année 1886, par M. Turquet, député de l'Aisne, et alors sous-secrétaire d'Etat au ministère des beaux-arts. Lui aussi a réuni Barra et Viala pour rendre un commun hommage patriotique à leur double mémoire. Ce ne sont point, il est vrai, les portraits gravés des deux jeunes héros qui seront bientôt placés dans toutes les écoles primaires, mais des bustes en plâtre, reproduction des deux bustes originaux, œuvre du statuaire Ruffier, qui ont été donnés au prytanée militaire de la Flèche, où ils demeureront au milieu des fils de soldats et d'officiers.

Le petit Barra est charmant avec sa veste de hussard et son dolman. Viala porte une veste largement ouverte et des épaulettes. La composition des bustes est originale et d'un arrangement ingénieux. Ce joli groupe est certes d'un bel exemple pour la jeunesse des écoles.

Barra avait été incorporé dans la cavalerie. Joseph-Agricole Viala était simplement volontaire dans une troupe de jeunes enfants, petite garde nationale surnommée l'*Espérance de la Patrie*, qui s'était spontanément organisée parallèlement à la garde civique dont faisaient partie les pères et les frères aînés des jeunes patriotes. Nos bataillons scolaires actuels peuvent donner une idée de ce qu'étaient alors, dans le midi de la France, ces ardentes troupes de citoyens imberbes : c'était en effet Avignon, où il était né en 1780, qu'habitait Viala, qui avait été choisi pour les commander par les jeunes volontaires de l'*Espérance de la Patrie.*

Or, en juillet 1793, les royalistes du Midi, soulevés contre le gouvernement de la Convention, s'étaient rendus maîtres de la rive gauche de la Durance et marchaient sur Avignon. Les patriotes de cette ville résolurent de leur barrer le passage. Seulement, moins nombreux que leurs adversaires, ils ne purent empêcher ceux-ci de remporter sur eux un premier avantage. Des pontons faisaient, à peu de distance d'Avignon, communiquer les deux rives de la Durance : la possession de ces pontons était donc pour chacune des deux troupes un objectif d'une sérieuse importance. Les patriotes avignonnais furent contraints par leur petit nombre de les laisser occuper par les assaillants.

Toutefois, un moyen leur restait encore de rendre inutile ce premier succès des royalistes : c'était de couper précipitamment les câbles retenant au rivage les pontons, lesquels seraient alors, avec ceux qui les occupaient, emportés au loin par le courant. Mais cette entreprise hardie était presque impossible, car il s'agissait pour celui qui oserait s'en charger de parcourir un certain espace découvert sous un terrible feu de mousqueterie, — ce qui était s'exposer à une mort à peu près certaine. Le chef des Avignonnais demanda cependant un homme de bonne volonté pour cette périlleuse tentative. Viala, le commandant de la petite garde nationale, âgé de treize ans, se présenta aussitôt.

Son offre fut repoussée, dit Larousse ; mais, s'étant emparé d'une hache, il parvint à s'échapper et s'élança vers le poteau où le câble était fixé. Avec son léger mousquet, il fit feu quatre fois sur l'ennemi ; puis, arrivé au poteau, il jeta son fusil et attaqua le câble avec la hache : les balles royalistes pleuvaient autour de lui. Tout à coup, avant d'avoir pu couper le câble, il s'affaissa mortellement frappé à la poitrine. Les royalistes franchirent la rivière, plongèrent leurs baïonnettes dans le corps de l'enfant et le précipitèrent dans la rivière.

De même que celui de Barra, l'héroïsme de Viala fut célébré en prose et en vers, sur les théâtres, dans les écoles et dans les sociétés populaires. Dans sa séance du 18 floréal an II, la Convention décréta également que l'urne renfermant le cœur du glorieux enfant serait solennellement portée au Panthéon le 30 messidor, et que l'Assemblée assisterait en masse à cette patriotique cérémonie. Mais, pas plus que pour Barra, les prescriptions de ce décret ne purent être exécutées.

# VII.

## CARNOT.

« Sur la place de Nolay, département de la Côte-d'Or, on voit une maison précédée d'une terrasse disposée en parterre de fleurs et entourée d'un mur d'appui. Côte à côte s'élève une autre habitation, de moindre apparence, avec un balcon de fer, orné de trois merlettes sur un écusson. Ce manoir était celui du notaire Claude Carnot ; l'autre appartenait aux parents de Marguerite Pothier, dont un oncle avait été premier échevin du bourg de Nolay. Marguerite épousa son voisin le tabellion, et, pour réunir les deux familles, on ouvrit une porte dans le mur mitoyen. C'est dans cette maison que Lazare-Nicolas-Marguerite Carnot naquit le 13 mai 1753, un dimanche, sur les quatre heures. » (*Carnot*, par H. Depasse.)

Carnot.

Lazare était le second fils et le troisième enfant de Claude Carnot, qui en eut dix-huit. L'enfant fit ses premières études sous la direction de son père, les continua au collège des Oratoriens à Autun et les termina au séminaire, d'où il sortit à seize ans, après avoir brillamment soutenu sa thèse de philosophie.

Passionné pour l'étude des mathématiques, le jeune homme fut envoyé à Paris, où il suivit les cours d'une école préparatoire au génie, à l'artillerie et à la marine, dirigée par M. de Longpré. A peine âgé de dix-huit ans, en 1771, Carnot fut admis au corps du génie militaire de Mézières; deux ans plus tard, il était lieutenant. Nommé capitaine en 1783, puis fait chevalier de Saint-Louis, il se trouvait en garnison à Arras lorsque éclata la Révolution, dont il adopta les principes.

L'attention avait déjà été attirée sur sa personne par la publication de divers mémoires et principalement par un *Eloge de Vauban*, couronné par l'académie de Dijon le 2 août 1784. Aussi fut-il élu par le département du Pas-de-Calais à l'Assemblée législative, où il entra le 30 septembre 1791. Il s'était marié quelques mois auparavant à Saint-Omer avec la belle-sœur de son frère, M^lle Sophie Dupont.

La logique et la fermeté de son patriotisme, ainsi que ses travaux à l'Assemblée, surtout au comité militaire, le firent choisir pour être envoyé comme commissaire, d'abord à Strasbourg, puis au camp de Châlons, afin de préparer la défense du Rhin, d'équiper et d'encourager les volontaires.

Nommé à la Convention par le département de la Côte-d'Or, il fut, dès le surlendemain de la réunion de l'Assemblée, envoyé par elle à la frontière des Pyrénées pour en organiser la défense. Rentré à Paris le 9 janvier 1793, au moment où commençait le procès de Louis XVI, il vota la mort en ces termes : « Dans mon opinion, la *justice* veut que Louis meure et la politique le veut également. Jamais devoir ne pesa davantage sur mon cœur que celui qui m'est imposé aujourd'hui ; mais je pense que pour prouver votre attachement aux lois de l'égalité, vous devez frapper le tyran. Je vote pour la mort. »

Sept mois plus tard, pendant que les Girondins et les Montagnards occupaient de leurs fatales querelles la Convention, dont ils affaiblissaient inconsciemment l'autorité, les ennemis de la France — à qui s'étaient joints les royalistes émigrés — se croyaient certains de la vaincre et de détruire la République. La situation était en effet des plus critiques. Pendant que les Girondins essayaient de soulever la Normandie, la Bretagne et la Vendée s'étaient mises en insurrection, appelant l'étranger sur le sol de la patrie.

« Si de l'intérieur nous portons nos regards vers les frontières, le spectacle est plus triste encore. L'Espagnol a franchi les Pyrénées ; une armée piémontaise menace les Alpes-Maritimes. A la frontière du Nord, à la frontière de l'Est, partout l'ennemi prend l'offensive. Le duc d'York, avec une armée anglo-hollandaise, marche contre Dunkerque. Valenciennes et Condé ont succombé. Le prince de Cobourg, avec l'armée autrichienne, s'est avancé jusqu'à Saint-Quentin ; il a fallu évacuer la Fère. Maubeuge va être bloquée.... Les émigrés pressent les généraux ennemis de prendre une offensive hardie.... Sur le Rhin, Mayence est bloquée et succombe.... Autrichiens et Prussiens vont pouvoir se donner la main : Landau est assiégé. Que font les armées françaises ? Elles sont réduites à l'impuissance ;

les hommes manquent ; les approvisionnements, les munitions manquent aussi. » (A. PICAUD, *Carnot, l'organisateur de la victoire.*)

Malgré les efforts partiels des généraux Meusnier, Aubert-Dubayet, Kléber et Dampierre, des commissaires de la Convention Merlin de Thionville, Dubois-Crancé et Robert Lindet, l'ennemi envahissait de toutes parts la patrie, et rien n'était organisé pour le repousser. Ce fut alors que Carnot, appelé au Comité de Salut public (section de la guerre), se chargea de diriger les opérations militaires. Ses collègues Prieur et Robert Lindet s'occupèrent des armements et des subsistances. La collaboration de ces trois patriotes sauva la France.

Quatorze armées (800,000 hommes) furent successivement organisées : en dix-sept mois toutes les troupes étrangères étaient vaincues et rejetées hors des frontières. Carnot, de son cabinet, avait dirigé les opérations de cette admirable et glorieuse campagne. Tous les plans en avaient été rédigés par lui, et il avait encore trouvé le temps de correspondre de sa main avec les généraux des quatorze armées.

« 27 victoires, dont 8 en bataille rangée ;

« 120 combats de moindre importance ; 80,000 hommes tués ; 91,000 prisonniers ;

« 116 places fortes prises, dont 36 après siège et blocus ;

« 230 forts ou redoutes, 3,800 canons, 70,000 fusils, 1,900 milliers de poudre, 90 drapeaux enlevés à l'ennemi. »

Tel fut le résultat de cette campagne de dix-sept mois résumé par Carnot lui-même dans un rapport aussi simple que laconique, dont il donna lecture à la

Convention, aux applaudissements unanimes de tous ses membres.

Parfois même Carnot s'était rendu en personne au milieu des troupes ; il dirigeait alors les opérations militaires, comme à Wattignies, par exemple.

« Maubeuge était assiégée. Cette place avait été investie, le 29 septembre 1793, par l'armée du prince de Saxe-Cobourg. Le plan de Carnot consistait à se porter audacieusement sur Maubeuge et à livrer une bataille décisive à l'armée qui en cernait les remparts. Le Comité de Salut public comprenait tous les résultats qu'on pouvait retirer d'une telle entreprise ; mais il comprenait aussi qu'en cas de revers on jouait la fortune de la France. Il ne consentit à laisser tenter cette périlleuse expédition qu'à la condition expresse que Carnot se rendrait lui-même à l'armée et dirigerait par ses conseils le jeune général que son influence avait élevé au commandement en chef.

« Carnot consentit patriotiquement à assumer cette effrayante responsabilité ; il partit sur-le-champ, emmenant avec lui le représentant Duquesnoy, dont il avait eu déjà l'occasion d'apprécier la vigueur.

« L'armée française se composait d'environ quarante-cinq mille hommes ; celle de Cobourg n'en comptait pas moins de soixante-quinze à quatre-vingt mille, retranchés dans des positions formidables que l'art militaire avait encore rendues plus inaccessibles.

« — Les Français, disait Cobourg en raillant, sont de fiers républicains ; mais s'ils me délogent d'ici, je déclare que je me fais républicain moi-même.

« Le 14 octobre, un engagement de tirailleurs mit les deux armées aux prises, et le lendemain 15, la bataille générale commença dès sept heures du matin.

Jourdan marchait accompagné des deux représentants Carnot et Duquesnoy.

« Les villages de Dimont et de Dimechaux tombèrent bien vite au pouvoir de nos troupes ; mais quand il fallut aborder celui de Wattignies, on se heurta à de redoutables obstacles. Malgré l'ardeur de ses jeunes troupes qui s'avançaient en chantant la *Marseillaise* sous les volées de la mitraille, Jourdan semblait hésiter. *Pas trop de prudence, général !* lui crie Carnot d'une voix sévère. A ce reproche cruel, l'intrépide soldat redevient lui-même.

. . . . . . . . . . . . . . . . . . . . . .

« Cependant, Jourdan, ne croyant pas la victoire possible en se portant sur Wattignies : — *Je préviens le représentant du peuple*, dit-il, *que si je cède à son avis, il en portera toute la responsabilité.* Et Carnot répond : — *Je me charge de tout, même de l'exécution.*

« Pendant le combat, Carnot aperçoit la brigade du général Gratien qui fléchit sous une charge de cavaliers allemands. Le signal de la retraite est donné. Indigné, l'intrépide représentant destitue le général, prend en personne le commandement de cette colonne et la reconduit au feu. En ce moment, son regard découvre un pauvre conscrit, blotti derrière une haie et tremblant de tous ses membres. Carnot s'approche de lui, ramasse son fusil, le charge lui-même, le décharge sur l'ennemi, puis ramène le jeune homme et le place dans les rangs.

« Enfin, le village de Wattignies restait en notre pouvoir. » (E. SORIN, *Histoire de la République française.*)

Dès le lendemain de cette victoire, Carnot était de retour à Paris, où, de son bureau des Tuileries, il adressait à l'armée du Nord les félicitations du gouvernement comme s'il n'avait pris aucune part à la bataille.

Pendant que Carnot était absorbé par ses travaux, le Comité de Salut public, primitivement créé pour prendre les mesures énergiques, impitoyables et foudroyantes, que nécessitait *la Patrie en danger*, se laissa peu à peu entraîner à sanctionner le régime des proscriptions de la Terreur. Carnot profita souvent de sa situation au Comité pour sauver la vie à des patriotes momentanément suspects, entre autres à Jourdan, au marquis de Montalembert, à l'ingénieur d'Arçon, à Hoche, à Marescot, qui devait plus tard aider puissamment Bonaparte à traverser les Alpes. Il ne crut point cependant pouvoir s'abstenir de contresigner les arrêtés pris par ses collègues, même ceux qu'il avait publiquement et énergiquement désapprouvés, afin, suivant son expression, « de ne pas rompre l'unité du gouvernement révolutionnaire. »

Lorsque la constitution de l'an III eut été votée et que la Convention nationale fut arrivée au terme de sa mission, quatorze départements choisirent Carnot pour les représenter au Conseil des Anciens. Il opta pour la Sarthe, bien qu'il n'y eût aucune relation, uniquement parce que la notification de ce collège électoral lui était parvenue la première. Appelé presque aussitôt aux fonctions de Directeur, il ne les remplit que jusqu'au coup d'Etat de Barras, le 18 fructidor (4 septembre 1797). Obligé de s'exiler pour sauver sa vie, il s'enfuit d'abord à Genève, puis en Allemagne, et ne rentra en France qu'à la chute du Directoire.

« Nommé alors ministre de la guerre, il rétablit l'ordre dans l'administration militaire ; membre du tribunat, il vota *seul* contre l'abolition de la République. Sous l'Empire, il vécut à l'écart, occupé de travaux scientifiques et du perfectionnement de l'Ecole polytechnique, et publia un beau traité *de la défense des places fortes*, où il change le système alors reçu, pour lui substituer une méthode qui consiste dans l'emploi des feux verticaux casematés pour écraser, sans péril, l'ennemi qui se présente en masse, et, dans des coups de main audacieux, pour le culbuter s'il n'est pas en force. » (J. TRAVERS.)

Cependant, en janvier 1814, à la première nouvelle de l'invasion des armées alliées, Carnot offrit ses services à l'empereur contre l'ennemi qui foulait le sol de la patrie. Napoléon l'envoya défendre Anvers, la première place de la France, déjà investie par les troupes anglaises et prussiennes. Carnot était toujours resté étranger aux partis et aux intrigues. Aussi, « quand les commis de la guerre voulurent rédiger les lettres-patentes qui lui donnaient le titre de gouverneur d'Anvers, ils s'aperçurent, à leur grande surprise, que Carnot était simple chef de bataillon. Celui qui avait dirigé quatorze armées, créé et inspiré les premiers généraux de l'époque, n'avait pas songé, au temps de sa toute-puissance, à s'attribuer des grades dont il faisait pour les autres un si judicieux et si libéral emploi. Il fallut user de subterfuge et prendre prétexte du titre d'inspecteur général aux revues qu'il avait eu sous le Consulat, pour inscrire sur le brevet : Carnot, général de division. » (H. DEPASSE.)

Retrouvant l'énergie qu'il avait déployée au temps de la Révolution, Carnot réussit à traverser les lignes ennemies et à pénétrer dans Anvers, qu'il défendit héroïquement. Il ne rendit la place qu'un mois après la chute de Napoléon, et lorsque le traité qui l'enlevait à la France, ainsi que toutes les conquêtes de la République, était signé depuis dix jours.

« Rapprochement fatidique ... Le 3 mai 1814, au moment où Louis XVIII, roi de France et de Navarre, dans une calèche à huit chevaux caparaçonnés, entouré d'émigrés et de maréchaux, faisait son entrée dans Paris au milieu d'un peuple muet, Carnot, à cheval, à la tête de ses troupes, sortait d'Anvers avec les honneurs de la guerre, musique en tête et drapeaux déployés, suivi d'une foule émue qui le reconduisit longtemps sur la route de France, en lui faisant les plus touchants adieux.

« A Borgerhout, à l'entrée d'Anvers, une table de marbre porte ces mots gravés en lettres d'or :

AU GÉNÉRAL CARNOT<br>
LA VILLE D'ANVERS RECONNAISSANTE.

« Cinquante et un ans plus tard, en 1865, Anvers devait élever une statue à Carnot en souvenir du siège de 1814.

« Dans la salle du Trône (à Paris), un jour d'audience solennelle, Carnot fut présenté à Louis XVIII et à la famille royale. Au nom du défenseur d'Anvers, le roi, affectant de regarder de côté et hochant la tête, se mit à murmurer quelques paroles inintelligibles.

« *Ces gens-là ne sont pas Français !* dit Carnot à ses amis. C'était la première fois qu'il voyait le roi. Ce fut la dernière. » (*Carnot*, par Ch. Rémond.)

En effet, un *Mémoire au roi* sur les tendances rétrogrades du ministère, que publia peu après l'illustre patriote, eut un immense succès, mais lui attira des persécutions de la part du gouvernement de Louis XVIII.

Pendant les Cent-Jours, Napoléon Ier l'appela au ministère de l'intérieur. Après Waterloo, la seconde Restauration le proscrivit (24 juillet 1815). Forcé de prendre la route de l'exil, il traversa Bruxelles et se rendit d'abord à Varsovie ; puis se fixa à Magdebourg en Prusse, où il mourut le 2 août 1823, entouré de l'estime générale.

La science doit à Carnot des ouvrages très estimés. De plus, l'enseignement primaire le compte au nombre de ses organisateurs. En effet, lorsqu'il était ministre de l'intérieur, en 1815, il fonda, sous le nom de *Comité d'instruction primaire*, la première société d'enseignement mutuel, devenue par la suite la *Société pour l'instruction élémentaire*, qui a rendu d'innombrables services et qui en rend encore aujourd'hui. Carnot, président du comité, prenait régulièrement part à ses travaux pour le perfectionnement de l'enseignement primaire, qu'il considérait avec raison comme « une entreprise grande, importante, puisqu'elle intéresse la prospérité de l'Etat et doit contribuer au bonheur d'une grande partie de la nation. »

Pendant toute sa vie, Carnot demeura intègre autant qu'il fut habile et énergique. Lorsqu'il était au pouvoir, il avait eu la libre disposition de sommes considérables, et en exil il avait à peine de quoi vivre. L'empereur de Russie lui fit offrir des fonctions lucratives, des honneurs et des pensions : ce grand Français refusa tout.

Dans le cimetière de Magdebourg, une simple pierre, sur laquelle est gravé son seul nom, marque encore aujourd'hui la place où reposent à l'étranger les restes de celui dont la longue et glorieuse carrière se résume en un seul devoir : servir la France, la patrie, qu'il aima par-dessus tout.

Nous avons déjà vu plus haut qu'Anvers avait, en 1865, élevé une statue à son illustre défenseur. En 1881, un monument fut également érigé à Nolay en l'honneur de Carnot. « Depuis ce temps, la statue de l'organisateur de la victoire, œuvre de M. Roulleau, l'un des meilleurs élèves de Barrias, s'élève sur la place de sa ville natale et rappelle à la France d'aujourd'hui le glorieux souvenir du membre du Comité de Salut public, du vainqueur de Wattignies, du défenseur d'Anvers, du ministre patriote de 1815. » (*Carnot*, par A. Picaud.)

« Lorsque des étrangers s'arrêteront devant cette statue, déclarait un des fils (1) de Carnot le jour de l'inauguration, et demanderont aux habitants de Nolay qui elle représente, les uns répondront : « C'est « un soldat qui servit la France dans les temps les « plus difficiles et qui contribua à sauver l'indépendance « nationale. » D'autres diront : « C'est un savant qui a « agrandi le domaine de la science. » D'autres : « C'est « un bon citoyen, un des fondateurs de la République. » Moi, son fils, je vous prie de répondre, d'une voix plus haute et plus ferme encore : « Ce fut un homme de « cœur et un homme de bien ! »

---

(1) M. Hippolyte Carnot, sénateur, membre de l'Institut.

# VIII.

## JOUBERT.

Le dimanche 12 octobre 1884, la ville de Bourg (Ain) était en fête. Les nombreux promeneurs, les sociétés musicales et de gymnastique, les bataillons scolaires qui, par un beau soleil d'automne, parcouraient ses rues pavoisées de toutes parts aux couleurs nationales, donnaient à la petite ville une animation joyeuse et patriotique. La cause de la fête de ce jour-là était l'inauguration de la statue de Joubert, général de la première République, né à Pont-de-Vaux, à quelques kilomètres de Bourg, le 24 avril 1769.

Lorsque, en 1791, la patrie fut déclarée en danger et que des volontaires furent appelés pour repousser l'ennemi de son territoire, Joubert avait vingt-deux ans : il demeurait alors dans sa ville natale, où il

étudiait le droit sous la direction de son père. qui
voulait faire de lui un magistrat. Mais, à l'appel du

Joubert.

canon, Joubert s'enrôla et partit. Un an après, il était
lieutenant de grenadiers.

6

Son premier fait d'armes avait failli lui coûter la vie : cinq cents Austro-Sardes attaquèrent une redoute du col de Tende, dans laquelle il se trouvait avec trente grenadiers. Il se défendit énergiquement ; mais, grièvement blessé, il fut fait prisonnier. Emmené à Turin, Joubert répondit fièrement au roi de Sardaigne, qui lui demandait s'il était noble : « Je suis citoyen français. » Peu de temps après, un échange de prisonniers, dans lequel il fut compris, lui permit de rejoindre les armées de la République.

Adjudant général en 1794, il gagna ses épaulettes de général à la bataille de Loano. Il fut, à l'armée d'Italie, un des meilleurs lieutenants de Bonaparte, qui disait de lui : « L'intrépide Joubert est à la fois un grenadier par son courage et un général par ses talents et ses connaissances militaires. » Ses soldats avaient en lui une confiance aveugle ; pour eux son nom signifiait « victoire ». Cette réputation lui permit d'accomplir avec une poignée d'hommes des prodiges d'héroïsme, tantôt en arrêtant une armée tout entière devant Mantoue, tantôt en luttant avec succès contre trente mille Autrichiens. Il s'illustra, d'ailleurs, à Montenotte, au passage du Tanaro, à Mondovi, à Millesimo, où il fut atteint par une balle, à Dego, où il en reçut une autre, à Lodi, à Milan, à Vérone, à Castiglione, etc.

Promu général de division, il brille encore à la bataille de Rivoli, en 1797, et dans une foule de combats qui hâtent la conclusion de la paix. A la fin de cette glorieuse campagne, le jeune héros fut chargé de porter au Directoire les drapeaux enlevés à l'ennemi. Puis, les hostilités ayant recommencé peu de temps après, le commandement en chef de l'armée d'Italie lui fut confié en octobre 1798. Après avoir contraint le roi de Sardaigne à signer son abdication, Joubert donna sa démission et revint en France.

Ce fut à cette époque qu'il se maria avec M^lle de Montholon, qui, plus tard, épousa en secondes noces le maréchal de Mac-Donald. La lune de miel fut de courte durée. Joubert, chargé de nouveau du commandement en chef de l'armée d'Italie, dut se rendre sans retard à son poste. « Tu ne me reverras, dit-il à sa jeune femme au moment de la séparation, que mort ou victorieux. »

Dès le début de la campagne, le 15 août 1799, il fut attaqué à l'improviste dans les plaines de Novi par Souwaroff, le fameux et terrible général russe, qui commandait soixante mille hommes. L'effectif de l'armée française était deux fois moindre. Voyant un de ses régiments plier sous le choc, Joubert s'élança aussitôt à la tête des soldats, en leur criant : « Camarades, à la baïonnette ! » A ce moment même, une balle vint le frapper en pleine poitrine. « En avant, mes amis ! commanda-t-il encore, en avant ! marchez toujours ! » Mais ses forces l'abandonnaient : il tomba de cheval. « Prenez mon sabre, dit-il alors à son aide de camp, couvrez-moi, si vous pouvez ; cachez mon corps, que les Russes ne me voient pas et me croient toujours avec vous. » Ce furent ses dernières paroles. Il expira. Il n'avait que trente ans.

Sa mort causa une grande douleur et une immense impression. Le Conseil des Anciens déclara qu'il avait bien mérité de la patrie. Les membres du Directoire portèrent son deuil pendant cinq jours. Une cérémonie funèbre, à laquelle prirent part tous les membres du gouvernement, fut célébrée à Paris en son honneur. La duchesse d'Abrantès raconte dans ses *Mémoires* que, pendant cette solennité, « lorsque le buste de Joubert fut couronné de cyprès, puis posé sur l'autel de la Patrie par le président du Directoire, on entendit le bruit des sanglots mêlés aux acclamations du peuple. »

Son corps, ramené en France, fut d'abord enseveli au fort Lamalgue, près de Toulon, qui depuis lors porte le nom de fort Joubert. Sa dépouille mortelle fut plus tard définitivement inhumée à Pont-de-Vaux, sa ville natale.

Tel fut le héros à qui Bourg vient d'ériger une statue. Déjà, il est vrai, une pyramide de pierre lui avait été élevée dans cette ville en 1800 ; déjà la statue du glorieux soldat des guerres de la Révolution existait à Pont-de-Vaux. Mais la ville de Bourg a pensé que ce n'était pas encore assez pour honorer une gloire militaire aussi pure, et que le jeune héros méritait mieux que cela : une nouvelle statue lui a été dressée par ses soins dans la cour d'honneur de la préfecture de l'Ain.

Le sculpteur, M. Aubé, a représenté Joubert au moment où, à la bataille de Rivoli, il saisit un fusil et entraîne les troupes françaises à l'ennemi. Son attitude est pleine de noblesse et de vie, et l'œuvre est d'une vigueur remarquable.

A onze heures du matin, le 12 octobre 1884, la statue a été découverte aux accents de la *Marseillaise*, jouée par les musiques militaires présentes à la cérémonie.

« TROIS MOTS RÉSUMENT LA VIE DE JOUBERT. Celui de Bonaparte : « Joubert est général par le talent, grenadier par le courage. » Celui de Carnot : « Les combats du Tyrol sont des combats de géants. » Et celui qu'en tombant à Novi le héros lui-même jetait à ses soldats : « Marchez toujours ! »

Voilà l'inscription que les jeunes générations pourront lire désormais à la gauche du piédestal sur lequel se dresse le général patriote. Puissent son exemple et ses vertus inspirer dans l'avenir beaucoup de dévouements à la patrie aussi beaux et aussi glorieux que le sien ! Certainement, comme l'a excellemment dit le général Wolff le jour de l'inauguration de la statue de Joubert, « nul plus que lui n'est digne d'inspirer ceux qui ont à cœur d'honorer leur pays et de servir la République. »

# IX.

## CHAMPIONNET.

Dans la ville de Valence (Drôme), au nord du Champ-de-Mars, se dresse la statue (1) de Championnet, élevée au milieu de la place à qui le nom de ce général a été donné. Dans les fossés de la citadelle d'Antibes se trouve son tombeau, une simple pierre sur laquelle on lit : « Ci-gît Championnet, général de la République. »

« Jean-Etienne Championnet naquit à Valence, le 12 août 1762, dit M. le député Marcellin Pellet dans la notice qu'il lui a consacrée. Il était fils du président à l'élection de Valence, qui possédait et faisait exploiter par un fermier le privilège de la poste aux chevaux ; ce

_______________

(1) Elle est l'œuvre du sculpteur Sappey, de Grenoble.

qui a fait dire à tort que Championnet était le fils d'un maître de poste. Il reçut une excellente éducation au

Championnet.

collège de Chabeuil, à deux lieues et demie de sa ville natale. Mais, une fois ses humanités achevées, il résolut de courir le monde ». Ayant quitté sa famille à l'improviste, il traverse le midi de la France, l'Espagne, et arrive à Gibraltar, où les Anglais étaient assiégés par l'armée hispano-française. Là, il s'engage (1781) sous un nom d'emprunt dans les gardes wallonnes, corps de troupes de l'armée espagnole. Puis, reconnu par des officiers français originaires de sa province, il passe en qualité de volontaire au régiment de Bretagne, dans l'armée française. C'est au siège de Gibraltar que Championnet fit la connaissance de la Tour d'Auvergne, le premier grenadier de France, avec qui le lia dès lors une étroite confraternité. »

Mais Championnet n'était pas noble ; et, avant la Révolution, les roturiers ne parvenaient que bien rarement et fort difficilement au grade d'officier, que la faveur royale distribuait presque exclusivement aux fils de la noblesse de France. Bourgeois et enfants du peuple ne pouvaient pour ainsi dire rien espérer au delà des galons de sergent. Toutes ces difficultés refroidirent assez vite l'ardeur du jeune volontaire et le dégoûtèrent momentanément de l'état militaire. Il revint à Valence, où son père lui pardonna son escapade.

Lorsque éclata la Révolution, Championnet organisa le parti patriote de son département ; il conduisit à Paris, le 14 juillet 1790, les délégués des fédérations des bords du Rhône ; puis, en 1792, à l'appel de la *Patrie en danger*, la vocation militaire l'emportant chez lui sur toute autre ambition, il refusa une candidature à la Convention et partit à l'armée du Nord à la tête du 6ᵉ bataillon des volontaires de la Drôme. Fait colonel après le combat d'Arlon (19 avril 1793), il passa à l'armée du Rhin sous les ordres de Hoche, qui le nomma général de division sur le champ de bataille, à l'âge de trente et un ans.

« A la fin d'avril 1794, l'armée de Sambre-et-Meuse se réunit à l'armée de la Moselle, sous le commandement de Jourdan. Championnet, avec sa division, prit une part active à la bataille de Fleurus (26 juin 1794), où une partie de son artillerie fut mise hors de service à force de tirer. »

Entré vainqueur dans Cologne, il traversa le Rhin dans des barques de pêcheurs, sous le feu de l'ennemi, et, par une pointe hardie, s'empara de Dusseldorf (6 septembre 1795).

Après la mort de Hoche (28 septembre 1797), c'est à Championnet que l'armée décerne, comme au plus digne, l'épée du pacificateur de la Vendée. Désigné pour commander l'armée de Hollande, il ne fait que passer à ce poste et est bientôt envoyé en Italie, où, commandant en chef, il va jouer un rôle décisif. En effet, en brumaire an VII (1798), il prend le commandement de l'armée de Rome — huit mille hommes, sans vivres, sans munitions, sans chaussures — défait dans une lutte de trois jours une armée de quatre-vingt mille Italiens, appuyée sur une grande capitale et sur de nombreuses places fortes, et, le 23 janvier 1799, entre à Naples, où il fonde la *République parthéno-péenne*.

« Le général républicain s'appliqua à ramener l'ordre et la paix, à organiser une bonne administration et à réprimer les abus dans un pays qu'un souverain indigne avait mis au pillage. Il rétablit bientôt une sécurité que jamais encore Naples n'avait connue. Mais cette œuvre de régénération fut entravée par de malheureux incidents. Le Directoire avait envoyé un commissaire civil,

Faypoult de Maysoncelle, qui commit de nombreuses exactions. Championnet l'expulsa de Naples. Sur la dénonciation du concussionnaire, le général vainqueur fut décrété d'accusation par le Directoire. » (M. M. PELLET.)

Il obéit sans hésitation au décret qui l'appelait devant le tribunal révolutionnaire, prenant même la précaution de quitter secrètement la ville, afin de ne pas donner aux Napolitains, dont il se savait aimé, l'idée de se révolter en sa faveur. Bel exemple d'obéissance de la part d'un général patriote, alors même qu'il se sait victime d'une injustice !

« Si l'on traduit le vainqueur de Naples devant un tribunal français, s'écria Marie-Joseph Chénier à la tribune des Cinq-Cents, en apprenant son arrestation, c'est sans doute pour y faire amende honorable d'avoir renversé le dernier trône d'Italie ! » Et cependant Championnet allait passer en jugement à Grenoble. Heureusement, les événements du 30 prairial an VII (18 juin 1799) le rendirent à la liberté : le ministre de la guerre, Bernadotte, lui donna le commandement en chef de l'armée des Alpes.

« Les Français obtinrent d'abord quelques succès, mais l'ennemi disposait de forces incomparablement supérieures. Moreau et Joubert furent battus à Novi (13 août 1799). Championnet, écrasé par le nombre, battu par Mélas à Savigliano, ne put que replier en bon ordre sur Gênes et Nice les débris de nos armées abandonnées par le nouveau gouvernement consulaire. Le typhus décimait nos soldats. Championnet fut atteint de la contagion en visitant les ambulances et en soignant un de ses aides de camp. » (M. M. PELLET.)

Il tomba dans le découragement, envoya sa démission et alla mourir à Antibes, le 9 janvier 1800.

Tacticien habile, Championnet avait en outre des ressources d'intelligence et d'énergie, soit pour créer une armée avec des aventuriers, soit pour s'imposer aux vaincus et les accoutumer au joug. Mais il fut par-dessus tout un cœur vaillant, un esprit droit, une âme pure. « Jeunesse, s'écriait à son tour l'adjudant général Romieu en prononçant son éloge funèbre, comme Championnet l'avait fait naguère devant le cercueil de Hoche, jeunesse, gloire, talents, l'impitoyable mort a tout dévoré !... Non, un héros ne meurt point ! Il laisse pour exemple à la postérité son nom, sa renommée et ses vertus. »

X.


# MASSÉNA A ZURICH ET A GÊNES.


La campagne de Suisse, terminée en quinze jours
par la bataille de Zurich, et la défense de Gênes sont,
suivant l'expression de M. Duruy, « les deux plus beaux
fleurons de la couronne militaire de Masséna. » Ce sont
surtout ces deux brillants faits d'armes que nous nous
proposons de faire connaître à nos lecteurs dans ce
chapitre consacré à l'illustre général.

Masséna était le fils d'un marchand de vin ; il naquit
à Nice en 1758. S'étant fort jeune engagé comme
mousse, il fit en cette qualité deux voyages au long
cours. Il entra ensuite dans le régiment *le Royal-Italien*
et y demeura quatorze ans, au bout desquels il se

retira du service militaire, dont il était momentanément
dégoûté, parce que son défaut de naissance l'empê-
chait de dépasser les grades inférieurs. Mais, lorsque
la Révolution eut établi l'égalité et rendu les grades
accessibles à tous, Masséna s'empressa de rentrer dans
l'armée, où il obtint un rapide avancement.

Chef de bataillon en 1792, général de brigade
en 1793, général de division la même année, tour à
tour à l'armée du Var et à celle d'Italie, il battit les
ennemis à Cairo, à Loano, décida brillamment la
victoire de Rivoli en 1797, et reçut de Bonaparte le
surnom d'*Enfant chéri de la Victoire.* Masséna, par ses
services militaires, méritait ce glorieux surnom. Malheureusement, la moralité et la probité de ce brillant
général laissaient à désirer. Suivant en cela l'exemple
de certains chefs d'armée de l'ancien régime —
Villars entre autres — Masséna rançonnait à son
profit personnel les pays où il faisait la guerre, et —
c'est triste à dire — pendant la campagne d'Italie, il
n'avait pas été seul à agir de la sorte. « Les fournisseurs, les commissaires, bon nombre de généraux,
pillaient à l'envi et faisaient des fortunes scandaleuses,
pendant que l'armée était sans vêtements et presque
sans pain. En février 1798, il y avait cinq mois qu'elle
n'avait reçu de solde. »

Tous ces faits scandaleux avaient fini par exciter
une grande indignation dans l'armée. Déjà, le 11 février,
à Mantoue, les soldats mutinés avaient menacé leurs
officiers d'aller demander justice en France à leurs
concitoyens. A Rome, treize jours plus tard, la nomi-
nation de Masséna en remplacement du général
Berthier occasionna un mouvement encore plus grave.
A Mantoue, dit Henri Martin, « les soldats avaient agi

sans opposition de la part des officiers. A Rome, ce furent les officiers qui agirent, sur la nouvelle que Masséna était appelé au commandement en chef à la place de Berthier. La moralité n'était pas, chez Masséna, au niveau des grandes qualités militaires. Il passait pour avoir eu plus de part qu'aucun autre aux déprédations dont se plaignaient l'Italie et l'armée. Le corps des officiers, assemblé dans une église, déclara qu'il ne reconnaissait pas Masséna pour général en chef. Trois cents officiers désavouèrent solennellement, *en face de l'Eternel*, toutes les spoliations faites dans la ville de Rome et dans les Etats romains, et demandèrent vengeance des chefs et des administrateurs avides et corrompus *qui déshonoraient le nom français*.... Toutes les garnisons de Rome et des Etats romains étaient derrière le corps des officiers, et le reste de l'armée d'Italie les approuvait. C'est un fait de grande importance dans l'histoire de la Révolution. C'était le réveil moral de l'armée d'Italie. »

Masséna se retira, pour éviter l'effusion du sang, et le Directoire envoya à sa place Gouvion-Saint-Cyr, général d'un caractère ferme et d'une probité irréprochable.

L'année suivante, le territoire même de la République étant menacé par une nouvelle coalition, le Directoire fit appel aux talents militaires de Masséna. Celui-ci, chargé de la défense de toute la frontière de l'Est, surprit les coalisés au milieu d'une manœuvre imprudente, avant l'arrivée du général russe Souwaroff, qu'ils avaient appelé d'Italie, et gagna l'immortelle victoire de Zurich (25 septembre 1799), qui coûta aux Austro-Russes trente mille hommes et la défection des Russes. Ceux-ci, reprochant à leurs alliés une trahison, quand il n'y avait à leur reprocher qu'un mauvais plan

de campagne, se retirèrent de la coalition. Voici,
d'après notre grand historien national Henri Martin,

Masséna.

les diverses péripéties de cette remarquable campagne
de Masséna :

Souwaroff avait reçu du gouvernement de Vienne

l'ordre de conduire son armée d'Italie en Suisse, où les affaires tournaient mal pour les Autrichiens. Le général russe retarda son départ de trois jours, délai qui eut pour lui les plus graves conséquences.

Au commencement de septembre, Masséna, n'ayant pu se maintenir sur la ligne du lac de Constance et du haut Rhin, s'était replié, avait évacué Zurich et avait pris à peu de distance une forte position sur les hauteurs, se couvrant toujours du lac de Zurich et des deux rivières la Lint et la Limmat. Non seulement tous les efforts de l'archiduc Charles pour lui enlever cette seconde ligne furent impuissants, mais Masséna lança dans les hautes Alpes sa droite commandée par le vaillant et habile Lecourbe. Celui-ci, vers le milieu d'août, réussit à chasser les Autrichiens des Petits-Cantons et à reprendre le mont Saint-Gothard et les défilés du haut Tessin, qui redescendent sur l'Italie.

Malgré cet échec, l'archiduc pouvait encore accabler Masséna, grâce à un renfort de trente mille Russes qui venait de lui arriver. Mais, au lieu de masser toutes ces forces contre le général français, le cabinet de Vienne commit la faute de les diviser en deux armées : l'archiduc dut, avec trente-six mille Russes et Autrichiens, se diriger vers le bas Rhin pour reconquérir la Hollande et la Belgique ; vingt-cinq mille Autrichiens seulement demeurèrent sous les ordres du général russe Korsakoff en face de Masséna. L'arrivée de Souwaroff en Suisse devait compenser le départ de l'archiduc, qui eut lieu à la fin d'août.

Mais, au lieu de tourner les Alpes par la vallée du haut Rhin occupée par les Autrichiens, Souwaroff remonta le Tessin et les pentes abruptes du Saint-Gothard, où l'attendait le général Lecourbe. Masséna d'ailleurs ne laissa pas à Souwaroff le temps de rejoindre Korsakoff. Il franchit la Limmat dans la nuit du 24 au 25 septembre, refoula ce dernier sur Zurich, et, après deux jours d'une lutte acharnée, le chassa jusqu'au Rhin avec une perte énorme en lui enlevant ses bagages et cent canons, toute son artillerie.

Souwaroff avait retardé son départ de trois jours : la nécessité de réunir des moyens de transport lui occasionna quatre autres jours de retard ; il ne put commencer ses opérations dans les montagnes que le 19 septembre et trouva devant lui Lecourbe avec dix mille hommes. Une colonne russe, en voulant franchir le pont du Diable, vint se faire fusiller et précipiter dans l'abîme de deux cents pieds où s'engouffre, au-dessous du pont, l'impétueux torrent de la Reuss. Les Russes parvinrent cependant à traverser la Reuss un peu plus haut, et, constamment harcelés par Lecourbe, se dirigèrent sur Schwitz pour se joindre à l'armée austro-russe d'Helvétie. Ils mirent trois jours pour faire quelques lieues à travers les précipices. Au lieu des Autrichiens, ce furent les Français que Souwaroff trouva aux environs de Schwitz : Masséna arrivait en personne à l'aide de Lecourbe.

L'avant-garde russe fut arrêtée à Nœfels, sur la Lint, par un corps français et suisse sous le général Molitor, et l'arrière-garde fut assaillie par Masséna dans les gorges de Motten. Le général russe Rosenberg parvint à repousser Masséna. La résistance désespérée de cette arrière-garde sauva les débris de l'armée russe. Souwaroff, par les défilés impraticables d'Engi, réussit à gagner la vallée du haut Rhin à Coire et à Ilanz (5-10 octobre), avec quelques milliers d'hommes épuisés, mutilés.

7

Jamais soldats n'avaient montré un héroïsme plus ardent et plus opiniâtre que ne le firent les Français et les Russes dans cette terrible lutte, où les périls et les fatigues de la guerre étaient décuplés par ceux d'une nature sauvage. On s'était livré des batailles dans des lieux à peine accessibles aux chevriers et aux chasseurs de chamois....

Tandis que Souwaroff se retirait chez les Grisons, l'aile gauche de Masséna chassait Korsakoff de Constance et des autres positions qu'avaient conservées les Austro-Russes sur la rive suisse du Rhin. Toute la rive gauche du Rhin suisse et grison était retombée au pouvoir des Français. La Suisse était entièrement dégagée.

Cette bataille de quinze jours sur une ligne de soixante lieues, suivant l'expression de Masséna dans son rapport au Directoire, égalait en grandeur les opérations de Bonaparte contre Wurmser et Alvinzi. L'immense service que Masséna venait de rendre à la France effaçait le souvenir des reproches qu'il avait encourus, et lui a valu un renom populaire qu'il gardera toujours.

Après cette belle défense de la Suisse, Masséna, au commencement de 1800, fut appelé par le premier consul en Italie, où, dès les premiers jours du mois d'avril, la lutte s'était engagée avec acharnement entre les Autrichiens et les Français. Bonaparte lui avait confié le commandement de l'armée d'Italie ; mais Masséna n'avait que trente-six mille hommes pour lutter contre les cent vingt mille Autrichiens du baron Mélas. Sa situation était donc excessivement difficile et périlleuse, car il avait à défendre les quarante lieues de montagnes qui s'étendent de Nice à Gênes. Masséna fut écrasé par des forces supérieures, et une partie de sa petite armée fut rejetée avec Suchet sur le Var : avec l'autre, quinze à dix-huit mille hommes, il se concentra sur Gênes, où il fut bientôt cerné par l'armée autrichienne et la flotte anglaise.

Il reprit l'offensive, dit Henri Martin, avec une extrême vigueur et refoula le corps autrichien qui menaçait Gênes du côté du levant (7 avril) ; mais, du côté du couchant, où s'entassaient des masses d'ennemis, il ne réussit pas à rétablir ses communications avec Suchet. Il prit alors d'excellentes mesures pour soutenir un siège dans Gênes, renforça la garnison française par une garde nationale composée de patriotes génois, et aménagea sagement les subsistances, malheureusement bien insuffisantes, qu'il put réunir. Il défendit héroïquement et victorieusement les forts extérieurs placés sur les hauteurs qui protègent Gênes. Il devint évident que les Autrichiens ne prendraient pas la place de vive force ; mais il était évident aussi que l'armée et la ville mourraient de faim, si elles n'étaient pas promptement secourues. Le pays était épuisé, et les Anglais interceptaient tout ravitaillement par mer.

Le salut de Gênes dépendait de la célérité des opérations exécutées sur les autres points du théâtre de la guerre. Par malheur, l'armée du Rhin commandée par Moreau n'avait pu marcher aussitôt qu'il eût été désirable. Bonaparte ne quitta Paris et ne se mit en marche qu'au commencement de mai. Il était déjà bien tard pour les braves défenseurs de Gênes. Masséna avait fait encore une très belle et heureuse sortie le 10 mai ; mais une autre, trois jours plus tard, n'avait pas réussi. Sa petite armée était épuisée, et les privations devenaient la famine. La majorité de la population génoise avait résolument et constamment soutenu les

Français ; mais ce peuple était à bout de souffrances.

Masséna était parvenu à faire passer de ses nouvelles au premier consul, et Bonaparte savait qu'à partir du 20 mai environ, Gênes et ses défenseurs devaient être aux dernières extrémités de la famine. Cependant il n'accourut pas au secours de cette ville : « il abandonna Masséna et ses généreux soldats. Il les immola au succès d'un plan grandiose et hasardeux, qu'il avait conçu, non plus seulement pour vaincre, mais pour anéantir d'un seul coup l'armée autrichienne, en lui coupant toute retraite. » Ce fut sur Milan, où la population l'accueillit avec transport, que se dirigea le premier consul.

Lorsque le plan de Bonaparte fut visible pour Mélas, celui-ci envoya l'ordre de lever le siège de Gênes. « Pour Gênes, il était trop tard. Tandis que Milan prodiguait à Bonaparte les banquets et les fêtes, Gênes mourait de faim. Depuis deux mortelles semaines, les habitants n'avaient plus d'autres aliments que des herbes, des racines ; on faisait pour les soldats un pain immangeable, fabriqué avec du cacao, de l'amidon et de la graine de lin. Les habitants mouraient par centaines. Les soldats pouvaient à peine tenir leurs armes. Plusieurs milliers de prisonniers, enlevés à l'armée autrichienne dans les sorties, partageaient l'horrible misère du peuple génois. Le général autrichien Ott et l'amiral anglais lord Keith avaient eu la cruauté de refuser de leur fournir les vivres que Masséna offrait de leur distribuer fidèlement. Masséna soutint jusqu'au bout, par son exemple et ses exhortations, la patience des soldats et du peuple. Sa magnanime conduite rachetait bien les fautes auxquelles ses passions l'avaient entraîné. Il s'était déjà glorieusement racheté en Suisse par son génie guerrier ; il fit plus à Gênes : il se racheta par la grandeur morale.

« Il fallut cependant céder, quand on eut épuisé jusqu'à ces aliments impossibles (1). Il n'y eut point de capitulation, mais une simple évacuation. Le général Ott, cachant l'ordre qu'il venait de recevoir de lever le siège, se hâta de consentir à ce que les troupes françaises sortissent avec les honneurs de la guerre e$^t$ allassent joindre Suchet par la côte ligurienne (la Corniche).

« Masséna quitta Gênes le 16 prairial (5 juin), avec huit mille hommes qui lui restaient sur quinze. Quatre mille étaient dans les hôpitaux. Les Autrichiens promirent de les soigner et de les rendre sans rançon. Cette intrépide petite armée avait fait perdre dix-huit mille hommes à l'ennemi. Il n'y a rien de plus beau, dans l'histoire des sièges, que cette défense de Gênes, où presque toutes les sorties avaient été des victoires. Masséna n'oublia pas les intérêts des Génois et stipula qu'aucun des amis des Français ne serait inquiété. »

Masséna rejoignit Suchet vers Savone, et les deux généraux, avec une vingtaine de mille hommes, menacèrent sur ses derrières l'armée que reformait Mélas. Quelques jours après, à la suite de la bataille de Marengo, les Autrichiens durent évacuer toutes les places qu'ils occupaient dans la haute Italie, et Masséna put ainsi tenir la parole qu'il avait donnée au général autrichien avec lequel il négociait l'évacuation de Gênes : « Je vous jure que je rentrerai dans Gênes avant quinze jours. »

---

(1) « Avant de se rendre, il nous fera manger jusqu'à ses bottes, » disaient de Masséna les soldats enfermés avec lui dans Gênes.

Lorsque Bonaparte quitta l'Italie, dit M. J. Travers, « ce fut à Masséna qu'il remit le commandement de l'armée. Celui-ci n'approuva point le 18 brumaire et fit de l'opposition dans le Corps législatif. Napoléon Ier le nomma cependant maréchal d'empire en 1804, et lui confia, en 1805, le commandement de l'armée d'Italie, avec laquelle il vainquit à Caldiero, à Vicence, sur la Brenta. En 1806, il fit la conquête de Naples et prit l'imprenable Gaëte ; en 1807, il contint les Russes en Pologne, et reçut le titre de *duc de Rivoli*. Il contribua puissamment au succès de la campagne d'Allemagne en 1809, et se montra aussi admirable par l'activité que par le courage et par le sang-froid, à Essling, à Wagram, et dans la poursuite de l'archiduc Charles. Nommé *prince d'Essling*, parce qu'il avait décidé la victoire à la bataille de ce nom, il prit un peu de repos, puis fut envoyé en Portugal (1810), où il lutta avec des forces très inférieures contre Wellington et contre le mauvais vouloir des généraux français (ses lieutenants). Les 3 et 5 mai 1811, il combattit les Anglais à Fuentès d'Onoro, et rentra en France. »

« Ce fut là (à Fuentès d'Onoro) que finit la glorieuse carrière militaire de Masséna, dit Henri Martin. Napoléon frappa d'une disgrâce inique ce vieux compagnon d'armes auquel il avait dû en grande partie ses premières victoires : il le punit d'avoir échoué là où personne n'eût réussi. Masséna ne s'était montré, sous aucun rapport, inférieur à lui-même dans cette tâche ingrate où ses soldats l'avaient secondé avec un courage et une patience dignes d'un meilleur résultat. »

Le vrai coupable de l'insuccès était l'empereur, qui avait négligé d'envoyer à Masséna les renforts indispensables que celui-ci avait constamment et instamment sollicités. Néanmoins Masséna dut subir le mécontentement de Napoléon et demeurer longtemps sans emploi. Seulement après Leipzig (octobre 1813), il reçut le commandement de la 8e division militaire.

A l'arrivée de Louis XVIII, Masséna occupait encore ce poste, où il avait été oublié. Le roi l'y maintint. Pendant les Cent-Jours, il se tint scrupuleusement à l'écart du gouvernement. Malgré cela, lors de la deuxième Restauration, les *ultras*, c'est-à-dire les royalistes exagérés, affectèrent tellement de le tenir pour suspect et de le désigner comme tel, qu'il fut forcé de publier un *Mémoire* pour répondre à leurs calomnies. Il mourut en 1817.

« La mort de Masséna suscita une imposante manifestation à Paris. Ce grand capitaine avait été accablé d'outrages par les *ultras* en 1815. Douze maréchaux de France menèrent son convoi, que suivirent les anciens militaires par milliers, la jeunesse, le peuple entier. Ce fut comme la fête funèbre de notre gloire. » (Henri MARTIN.)

Masséna devait plus à la nature qu'à l'éducation. Napoléon disait de ce grand homme de guerre que « le bruit du canon lui éclaircissait les idées, lui donnait de l'esprit, de la pénétration et de la gaieté ; que son caractère distinctif était l'opiniâtreté, et que jamais il ne se décourageait. »

## XI.


# LE GÉNÉRAL DROUOT.


« C'était pendant l'été de 1793 ; une nombreuse et florissante jeunesse se pressait, à Châlons-sur-Marne, dans une des salles de l'École d'artillerie. Le célèbre Laplace y faisait, au nom du gouvernement, l'examen de cent quatre-vingts candidats au grade d'élève sous-lieutenant. La porte s'ouvre ; on voit entrer une sorte de paysan, petit de taille , l'air ingénu, de gros souliers aux pieds et un bâton à la main. Un rire universel accueille le nouveau venu : l'examinateur lui fait remarquer ce qu'il croit être une méprise, et, sur sa réponse qu'il vient pour subir l'examen , il lui permet de s'asseoir.

« On attendait avec impatience le tour du petit

paysan. Dès les premières questions, Laplace reconnaît
une fermeté d'esprit qui le surprend ; il pousse l'examen au delà de ses limites naturelles, et les réponses

Drouot.

sont toujours claires et précises, marquées au coin
d'une intelligence qui sait et qui sent. Laplace est
touché, il embrasse le jeune homme et lui annonce
qu'il est le premier de la promotion. »

Voilà comment le R. P. Lacordaire, dans son oraison funèbre du général Drouot, raconte les débuts dans la vie de cet officier, qui fut, suivant l'expression de Henri Martin, « un des hommes les plus respectables de l'armée. » Nous allons bientôt voir qu'il en fut aussi l'un des plus capables.

Vingt ans après la petite scène que l'on vient de lire, Laplace disait à Napoléon Ier :

« Un des plus beaux examens que j'aie pu faire passer de ma vie est celui de votre aide de camp, le général Drouot. »

Fils d'un simple boulanger de la ville de Nancy, où il naquit le 11 janvier 1774, Antoine Drouot, par son opiniâtreté au travail et son amour du devoir, parvint au plus haut grade de l'armée, à qui il donna toujours l'exemple de la dignité et de toutes les vertus. La famille du boulanger était nombreuse ; Antoine était le troisième de douze enfants. Le père n'était pas assez riche pour faire instruire ses enfants à une époque où l'instruction était encore trop souvent considérée comme un objet de luxe. Cependant Antoine avait un tel désir d'apprendre, que, tout seul, sans maître, il se mit au travail et commença ses études ; il les continua au collège de Nancy et les termina à l'Ecole d'application de Metz.

Envoyé à l'armée du Nord au commencement de juillet 1793 en qualité de second lieutenant au 1er régiment d'artillerie à pied, Antoine Drouot passa, l'année suivante, à celle de Sambre-et-Meuse. Jusqu'à la fin de 1795 il fut constamment sur les champs de bataille. Un accident qui lui arriva à Bayonne, où il venait d'être chargé de la direction de l'artillerie, l'en écarta pendant quelque temps. Il était alors capitaine. Pendant la

Une vue de Nancy.

vérification de canons destinés à être serrés en magasin, un reste de poudre s'enflamma au fond de la culasse de l'un d'eux, et le jeune officier eut la figure presque entièrement brûlée. Il faillit perdre la vue. Drouot, dit M. Jules Nollet, « resta plus de six semaines sans pouvoir ouvrir les yeux, et sa vue, par suite de cet accident, fut pendant longtemps très affaiblie. Ce fut bien certainement une des causes déterminantes de la cécité complète dont il fut atteint en 1833. »

A l'armée de Naples, qu'il rejoignit en décembre 1798, Drouot rendit les plus grands services, notamment à la retraite de la Trebbia, où le feu des batteries qu'il dirigeait sauva l'arrière-garde du général Mac-Donald. Nommé officier d'état-major l'année suivante, il fut, en mai 1800, envoyé à l'armée du Rhin, où il servit sous les ordres du général Eblé, commandant en chef de l'artillerie. Il rentra en France avec ce même général, puis, en 1803, il reprit le commandement de sa compagnie, alors en garnison à La Fère : il dut même exercer dans cette ville les fonctions de capitaine d'habillement. M. Jules Nollet raconte une intéressante anecdote se rapportant à cette époque de la vie du futur général :

« Dans ses nouvelles fonctions, Drouot eut à recevoir la visite de ses fournisseurs. Un jour, un de ces derniers se présenta chez lui, et, après avoir causé quelques instants, il lui dit :

« — Capitaine, je vous prie de vouloir bien accepter ce petit souvenir.

» Il lui présentait un billet de 600 fr. Comme le capitaine semblait ne pas comprendre, le fournisseur ajouta :

« — C'est l'habitude ; toujours vos prédécesseurs ont accepté.

Drouot à Wagram.

« — Comment ! répliqua Drouot, vous pouvez faire ainsi des cadeaux sans que cela nuise à vos affaires ?

« — Mais, capitaine....

« — Eh bien ! gardez ces 600 fr. et mettez sur la facture de mon régiment que vous avez reçu cette somme à compte sur vos fournitures. »

Certes, le capitaine Drouot ne fit que son devoir le plus étroit en agissant de la sorte. Mais, pour qu'une pareille offre lui fût faite, nous devons supposer que d'autres malheureusement avaient, à cette époque, un sentiment moins exact de la plus élémentaire honnêteté et acceptaient parfois de semblables cadeaux (honteux pour ceux qui les faisaient aussi bien que pour ceux qui les recevaient), sans se douter que par ce seul fait ils cessaient de mériter l'estime des honnêtes gens.

Drouot passa presque toute l'année 1805 en mer ou en Amérique, où il se signala à diverses reprises pendant l'expédition de la Martinique ; puis il fut chargé de la direction de la manufacture d'armes de Maubeuge. Promu ensuite lieutenant-colonel de l'artillerie de la garde le 27 août 1808, il fut nommé colonel de la même arme l'année suivante. Il s'illustra alors, d'abord en Espagne, puis dans toutes les campagnes de l'Empire. Il fut créé baron par Napoléon le 14 mars 1810. Enfin, en 1813, il reçut successivement les grades de général de brigade le 10 janvier et de général de division le 3 septembre.

Bien souvent, par son habileté à diriger les manœuvres de l'artillerie, Drouot contribua puissamment au succès de nos armées, notamment aux batailles de Wagram (5 et 6 juillet 1809), de la Moskowa (7 septembre 1812), de Lutzen (2 mai 1813), de Bautzen (22 mai 1813) et de Hanau quelques jours plus tard.

Voici ce que raconte Drouot lui-même sur la part qu'il
prit à ce dernier combat :

« Notre avant-garde avait déjà été repoussée plusieurs fois, quand Sa Majesté m'appela et me dit :
« Drouot, allez voir ce qu'il y a à faire. » Je me portai
immédiatement sur les lieux, et, au milieu d'un feu
incessant, je découvris un chemin vicinal qui aboutis-
sait à la grande route et pouvait faire arriver l'artillerie.
Je retournai vers l'empereur. « Sire, l'ennemi nous
« mitraille avec une forte batterie ; donnez-moi cin-
« quante pièces de canon, et j'espère que nous passe-
« rons. — Allons voir, » dit l'empereur. Arrivés sur les
lieux, les boulets et la mitraille brisaient autour de nous
les arbres de la forêt et menaçaient gravement le
groupe de reconnaissance. « Sire, dis-je alors à l'empe-
« reur, ce n'est pas ici votre place ; retirez-vous, je vous
« en supplie ; accordez-moi seulement ce que je vous
« ai demandé. » Les ordres sont donnés ; je mets en
position deux pièces presque aussitôt démontées par
l'ennemi ; j'en fais avancer dix autres : grâce à leur
feu actif et bien dirigé, elles parviennent à ralentir
celui des Bavarois, et j'en profite pour installer mes
cinquante pièces. Bientôt les boulets et la mitraille
pleuvent sur la batterie ennemie, la mettent en
désordre et éteignent son feu.

« Je croyais en avoir fini avec les Bavarois, quand
une charge de cavalerie est ordonnée pour arrêter, s'il
se peut, le feu de notre artillerie. Je commande à mes
canonniers de laisser venir, et lorsque l'ennemi est à
portée du mousquet, une horrible mitraille de cinquante pièces tirées à la fois détruit en grande partie le
corps de cavalerie qui se précipitait sur nous. Alors
l'armée française s'ébranle ; elle s'élance à la baïon-

nette en avant, renverse les derniers obstacles, et franchit le défilé que l'artillerie vient de lui ouvrir, en passant sur le ventre des Bavarois. »

Depuis janvier 1813, le général Drouot était attaché en qualité d'aide de camp a la personne de l'empereur, qui lui donna encore successivement le grand cordon de la Légion d'honneur le 25 mars 1814 et un siège de pair de France le 2 juin 1815.

En 1814, pendant toute la pénible et difficile campagne de France, Drouot fit des prodiges, mais surtout à Nangis et à Vauclos. Il se montra, dit le R. P. Lacordaire, *le premier officier d'artillerie de l'Europe.*

Puis, lorsque Napoléon fut contraint par la coalition européenne de signer son abdication à Fontainebleau, Drouot demeura fidèle à l'empereur dans l'infortune comme il lui avait été dévoué au temps de sa puissance. On sait en effet que celui qui avait été le maître du monde eut alors la douleur de se voir abandonné par la plupart de ceux qu'il n'avait cessé de combler d'honneurs depuis dix ans : les généraux Drouot et Bertrand lièrent leur sort au sien et l'accompagnèrent à l'île d'Elbe, dont le premier fut nommé gouverneur.

En cette qualité, Drouot avait dû, à la fin de 1814, dresser le budget des dépenses de son gouvernement pour l'année suivante. Quand il le présenta à la signature de Napoléon, celui-ci, dit M. Jules Nollet, « lui fit observer qu'il s'était oublié sur la liste des traitements, et lui en demanda la raison.

« — Sire, répondit Drouot, Votre Majesté me loge ; elle me nourrit ; elle me fait donner un cheval de son écurie lorsque j'ai l'honneur de l'accompagner dans ses promenades. Mes dépenses se réduisent donc à mon entretien, à un faible traitement pour mon secrétaire et aux gages d'un serviteur ; or, mon revenu, qui est connu de Votre Majesté, est plus que suffisant pour répondre à ces besoins. »

Napoléon ne permit pas à Drouot de donner ce bel exemple de désintéressement, bien rare de la part d'un haut fonctionnaire de cette époque : il inscrivit lui-même au budget une allocation annuelle de 6,000 fr. en faveur du général.

« Je suis bien persuadé que nous ferons une grande faute en quittant l'île d'Elbe, et, si l'on m'en croyait, nous y resterions, » disait Drouot au moment où Napoléon se préparait à débarquer en France pour ressaisir le pouvoir. L'empereur n'écouta point des conseils dont il devait trop tard reconnaître la sagesse (1).

A cette époque de sa vie, Drouot dut ressentir de cruelles angoisses. Que devait-il faire ?... A qui fallait-il obéir ?... A Napoléon ?... ou bien au gouvernement de la Restauration ?.. Les perplexités de cet honnête homme, de cet homme de cœur, furent vives et douloureuses. Il nous les fait connaître en partie dans le passage suivant où il se peint tout entier :

« Abandonner le souverain auquel j'avais promis fidélité me paraissait une lâcheté. Pendant les jours qui ont précédé l'embarquement, j'ai été combattu d'un côté par le désir de m'éloigner, de l'autre par la honte d'abandonner, dans un moment de danger, le souverain dont j'avais jusqu'alors partagé le sort. J'ai pris le parti que me dictaient l'honneur et la fidélité. J'étais sujet de Napoléon, reconnu souverain étranger, et dès

----

(1) « Si j'avais cru *le Sage*, disait de Drouot Napoléon après 1815, je n'aurais pas quitté l'île d'Elbe. Mais dès 1814 on complotait mon transport à Sainte-Hélène. »

lors, quelle que fût mon opinion sur la nature et les suites de son entreprise, je ne pouvais me refuser à le servir : plus cette entreprise était périlleuse, moins j'avais la liberté de réfléchir sur sa légitimité. Tout militaire français appréciera ma position à cet égard. »

Drouot débarqua donc avec Napoléon auprès de Cannes, dans le Var, le 1er mars 1815, et vingt jours après, à la tête de l'avant-garde, le précéda de quelques heures à Paris. Pendant les Cent-Jours, il fut tout d'abord chargé par l'empereur, dont il possédait toute la confiance, de la réorganisation de la garde et de tous les preparatifs à faire en vue de repousser l'invasion dont le pays était menacé de nouveau. Puis, à Waterloo, il s'efforça d'arrêter le désastre et rallia sous les murs de Laon les débris de l'armée qu'exaspérait la pensée que Napoléon allait être contraint d'abdiquer une seconde fois. Alors Davoust, dit Henri Martin, « aidé d'un général très aimé et très respecté, Drouot, parvint à calmer et à emmener l'armée. Il la conduisit en personne outre Loire, l'y établit et lui garda jusqu'à la fin une attitude imposante, interdisant au corps autrichien qui venait des Alpes de franchir la haute Loire. »

Malgré tous les services qu'il avait rendus au pays, malgré son honnêteté universellement reconnue, le général Drouot — après le départ de Napoléon pour Sainte-Hélène — fut, comme bien d'autres, traduit devant un conseil de guerre pour avoir de nouveau servi sous les ordres de l'empereur. A cette époque troublée de notre histoire où les passions politiques étaient fortement surexcitées, c'était pour le général une condamnation à mort presque certaine.

Drouot aurait pu s'enfuir : il en avait le temps, et ses

amis lui en fournissaient les moyens. Il refusa en disant :

« Non, je ne pourrais pas dormir sur l'oreiller d'un exilé : si je dois être jugé, je me présenterai devant mes juges. La Providence est grande. »

Il se présenta donc sans faiblesse, le front haut, devant ceux que le gouvernement de la Restauration avait chargés de le juger, et il se défendit avec tant de grandeur, que quatre de ceux-ci sur sept prononcèrent son acquittement.

Depuis cette époque, Drouot vécut retiré à Nancy, réalisant le désir qu'il avait souvent exprimé à l'empereur « de se retirer dans sa province et d'aller mourir sur la paroisse où il avait été baptisé ». Il refusa toutes les distinctions, tous les honneurs que, après 1830, lui offrit le gouvernement du roi Louis-Philippe.

Le savant général était sincèrement pieux et très bienfaisant. Il consacra le reste de sa vie à faire du bien. Ayant reçu de Napoléon un legs très important (environ 100,000 fr.), il répandit la somme entière en bienfaits de toute nature et ne conserva rien pour son usage personnel. Pendant l'hiver rigoureux de 1840, comme il n'avait plus d'argent à distribuer aux nécessiteux, il fit vendre les broderies d'or de son habit de général, afin de pouvoir soulager un plus grand nombre de misères. A cette occasion, un de ses neveux manifesta du regret de voir détruire un vêtement que la famille aurait été désireuse de conserver comme une relique : l'illustre vieillard lui dit amicalement :

« Mon neveu, je vous aurais volontiers donné mon uniforme ; mais j'aurais craint que vos enfants, en voyant le riche habit de leur oncle, ne fussent tentés d'oublier une chose dont ils doivent toujours se souvenir : c'est qu'ils sont les petits-fils d'un boulanger. »

Drouot devint aveugle en 1833. Il mourut le 24 mars 1847, à l'âge de soixante-quatorze ans. Trois jours après sa mort, le conseil municipal de Nancy lui vota, à l'unanimité, une statue, qui lui fut élevée en 1855, sur une des places de cette ville.

Drouot, disait Napoléon, « est un homme qui vivrait aussi satisfait, pour ce qui le concerne personnellement, avec 40 sous par jour qu'avec la dotation d'un souverain. Sa morale, sa probité, sa simplicité, lui eussent fait honneur à l'époque même des Cincinnatus romains. »

Tel fut l'homme en effet. Quant au soldat, le passage suivant de la magnifique *Oraison funèbre du général Drouot*, prononcée par le R. P. Lacordaire, le peint admirablement :

« Tant que la France avait été victorieuse, c'est-à-dire pendant vingt ans, Drouot, malgré ses services, était demeuré dans un rang inférieur et comme à l'arrière-garde de la gloire. Il avait vu se former dans les batailles tous nos capitaines renommés.... Tous, vivants ou morts, étaient parvenus, avant nos revers, au comble de la réputation et des honneurs. Drouot seul était en retard de son immortalité.

« Comme une plante modeste et peu hâtive, il s'était caché à l'ombre des grands noms, et Dieu, se servant de sa vertu même pour en suspendre l'éclat, l'avait réservé à nos jours de malheur.

« La France fut étonnée d'apprendre au bruit des campagnes de 1813 et 1814 qu'elle possédait depuis longtemps le premier officier d'artillerie de l'Europe....

L'empereur en jugea comme la France ; il discerna dans son aide de camp un génie et une intrépidité militaires qui lui faisaient dire à Sainte-Hélène :

« Il n'existe pas dans le monde deux officiers « pareils à Murat pour la cavalerie et à Drouot pour « l'artillerie. »

XII.

## LE GÉNÉRAL DAUMESNIL.

« Daumesnil n'a voulu ni se rendre ni se vendre, » a dit M. Dupin aîné à la Chambre des députés, en 1832, quelques jours après la mort de l'héroïque commandant de Vincennes. Ce mot peint bien celui que le peuple, dans sa simple admiration, avait pris l'habitude de désigner sous le nom familier de *Jambe de bois* ; il le caractérise tout entier et est un juste hommage rendu à sa mémoire.

Daumesnil, nous dit excellemment M. Edouard Gœpp, « n'est qu'un soldat, rien qu'un soldat ; mais il en est le type accompli. Insouciant et léger, indiscipliné même tant qu'il est dans les grades inférieurs, plus régulier dans sa tenue et dans sa conduite à mesure

Daumesnil.

qu'il sent grandir sa responsabilité en avançant dans la
hiérarchie militaire, il est en même temps et toujours
brave jusqu'à la témérité. C'est là le trait distinctif de
son caractère. Il a toutes les mâles vertus, le courage,
l'audace, l'esprit d'entreprise, mais il a aussi l'âme
ouverte et chevaleresque ; c'est un cœur d'or, il est bon,
il est humain ; il s'attendrit au besoin, et par-dessus
tout il est désintéressé et esclave du devoir. »

Né à Périgueux en juillet 1776, Yrieix Daumesnil
montra fort peu de goût pour l'étude : il abandonna le
collège sans terminer son instruction ; il eut souvent
l'occasion de le regretter par la suite. En revanche, il
montra de bonne heure une humeur batailleuse. Un
jour, dit-on, lorsqu'il était à peine âgé de quinze ans,
il se crut insulté par un artilleur, le provoqua et le tua
en duel. Ce tragique dénouement l'obligea à s'enfuir
de sa ville natale, afin de se soustraire aux poursuites
dont il allait être l'objet. Quelques mois après, en 1792,
Daumesnil se faisait enrôler à Toulouse comme volontaire dans un bataillon d'infanterie. Il n'avait pas
encore seize ans. Deux ans plus tard, le 14 mars 1794,
il débutait au 22ᵉ régiment de chasseurs; dans la
cavalerie, l'arme où il devait s'illustrer par de prodi-
gieuses actions d'éclat.

Daumesnil mit toutefois huit ans pour obtenir les
épaulettes d'officier à une époque où cependant l'avancement était rapide dans l'armée. Son insubordination
et son manque d'instruction furent les seules causes de
ce retard ; car le jeune soldat s'était déjà remarquable-
ment distingué en maintes circonstances. Après avoir
fait campagne à l'armée des Pyrénées, il alla combattre
en Italie sous les ordres du général Bonaparte, à qui il
sauva la vie au pont d'Arcole. Au milieu de la mêlée,

pendant la confusion d'un combat corps à corps, Bonaparte était tombé dans la rivière. Daumesnil se précipita dans le fleuve, et, avec l'aide d'un camarade,
parvint à le retirer sain et sauf.

Une autre fois, toujours pendant cette même campagne, Daumesnil, raconte M. Gœpp, « se présente
devant le général en chef pour lui remettre un drapeau
qu'il a enlevé au fort de la mêlée. Bonaparte, préoc-
cupé, le regarde sans le voir, l'écoute sans l'entendre
et le laisse partir comme il est venu, sans avoir prononcé
un mot, sans lui avoir accordé la moindre récompense.
Le combat continue, acharné, terrible. Bonaparte est
toujours là ; il donne des ordres, il suit de l'œil les
manœuvres de l'ennemi. Deux heures se passent. Daumesnil reparaît un deuxième drapeau à la main. C'est
l'étendard donné par l'impératrice d'Autriche aux
volontaires de Vienne. Elle l'a brodé de ses mains ; elle
y a attaché une cravate tissée d'or. Le général le voit ;
la cravate manque ; il demande ce qu'elle est devenue.
Daumesnil la tire de sa poche : « Mon général, dit-il en
« la montrant, vous ne m'aviez rien accordé pour le
« premier, je me suis payé pour le second. »

En Egypte, Daumesnil sauva encore deux fois la vie
au général Bonaparte : au siège de Saint-Jean-d'Acre
(avril 1799), en le couvrant de son corps au moment de
l'explosion d'une bombe tombée à ses pieds ; et à la
bataille d'Aboukir (24 juillet 1799), en le soustrayant
rapidement au feu d'une batterie ennemie. L'année
précédente, à la bataille des Pyramides (21 juillet 1798),
à un moment donné, un cavalier mameluck s'acharnait
contre le carré au milieu duquel se trouvait Bonaparte
et semblait se rire des balles que lui envoyaient en vain
les grenadiers. Tendant un pistolet à Daumesnil, qui se

trouvait à ses côtés, le général lui dit : « Va me descendre ce cavalier. »

Un instant après, Daumesnil rapportait le pistolet fumant. Le mameluck était mort.

*Quel soldat!* s'était un jour écrié Bonaparte à la suite d'une des actions d'éclat de ce cavalier follement courageux et dévoué à son général. De leur côté, les compagnons d'armes de Daumesnil en Egypte l'avaient déjà surnommé *le Brave;* — glorieux surnom que celui-ci, aussi bien en qualité d'officier que comme simple soldat, mérita toute sa vie.

Lieutenant à la bataille de Marengo (14 juin 1800), il était capitaine à celle d'Austerlitz (2 décembre 1805), à la suite de laquelle il fut fait chef d'escadron. Il se distingue encore aux batailles d'Iéna (14 octobre 1806), d'Eylau et de Friedland (8 février et 14 juin 1807). Colonel en 1808, à trente-deux ans, il est envoyé en Espagne, et, après l'insurrection du 2 mai à Madrid, est placé à la tête des chasseurs de la garde en qualité de major avec rang de colonel. Elevé par Napoléon à la dignité de baron de l'Empire, il se rend en Allemagne avec la grande armée, prend une part active à tous les combats du début de la campagne, se distingue à Eckmühl (22 avril 1809).

Le 6 juillet, dit M. Gœpp, « l'armée était à Wagram. La terrible bataille était engagée. Déjà deux fois Daumesnil avait chargé, et l'ennemi avait reculé devant cette avalanche d'hommes et de chevaux que conduisait le héros. Tout à coup il s'arrête, son cheval s'abat sous lui ; un boulet de canon vient de lui emporter la jambe gauche. C'était le dix-neuvième cheval tombé sous lui, c'était sa vingt-troisième blessure. Seulement celle-là allait arrêter sa carrière. Il était aimé et admiré de toute l'armée. En un instant, il fut entouré ; tout le monde pleurait autour de lui. Larrey l'amputa sur le champ de bataille. »

Rentré en France, Daumesnil épousa, en 1812, M^lle Garat, fille du gouverneur de la Banque de France. Il fut nommé commandeur de la Légion d'honneur et général de brigade le 21 février 1812.

Au moment de partir pour la désastreuse campagne de Russie, Napoléon I^er nomma Daumesnil gouverneur du fort de Vincennes, en lui disant :

« J'ai besoin d'un homme sur lequel je puisse compter, et j'ai songé à vous. C'est de Vincennes que partiront le matériel et les munitions nécessaires. »

Le choix ne pouvait être meilleur. En effet, en 1814, lorsque l'ennemi était déjà maître de la France et que les armées alliées étaient à Paris et entouraient Vincennes, il ne rendit à l'étranger aucune des munitions qui lui avaient été confiées.

Sommé de rendre la forteresse qu'il commandait, il répondit :

« Rendez-moi ma jambe, et je vous rendrai la place. »

L'ennemi lui envoie deux nouveaux parlementaires. L'un d'eux l'ayant menacé, s'il ne se rend pas, de le faire sauter avec le château, Daumesnil conduisit les deux envoyés devant un magasin où étaient renfermés 1,800 milliers de poudre, et leur dit tranquillement :

« S'il le faut, je commencerai, et nous sauterons ensemble. »

Il y avait là en effet de quoi détruire avec le château une bonne partie des troupes qui l'assiégeaient.

On le savait capable d'exécuter sa menace. On se borna à le bloquer dans le fort, dont Daumesnil refusa

d'ouvrir les portes, même après la capitulation du
20 mars. Il fit mieux encore : dans une sortie, il enleva
aux alliés une partie du matériel de guerre qui leur
avait déjà été livré par suite du traité. Comme on vint
lui réclamer tous ces canons, ces fusils, etc., dont la
valeur fut plus tard estimée à 86 millions de francs, on
ne put obtenir de lui d'autre réponse que ces mots :
« Venez les prendre ! »

Daumesnil ne rendit le fort qu'au roi Louis XVIII,
qui lui donna la croix de Saint-Louis et le commandement de la place de Condé.

Pendant les Cent-Jours, l'empereur l'avait replacé à
la tête de Vincennes. L'année suivante, à leur retour
devant Paris, les alliés le retrouvèrent aussi énergique
à son poste. Parmi les soldats de la garnison de Vincennes se trouvaient plusieurs invalides qui, comme
leur commandant, avaient des jambes de bois. Un jour
que les boulets labouraient les remparts depuis plus
d'une heure sans avoir blessé personne, Daumesnil, à
ce qu'on rapporte, leur dit en riant : « Ils ne savent
pas jouer : pas une boule n'a renversé une quille ! »

Désespérant d'emporter Vincennes par la force, les
Prussiens firent offrir à Daumesnil, qu'ils savaient
pauvre, une somme considérable pour leur livrer la
place. Celui-ci refusa avec mépris, disant :

« Mon refus servira de dot à mes enfants. »

Et cette fois encore, « il ne capitula qu'avec les
Bourbons et sortit après un blocus de près de cinq
mois, emportant le drapeau tricolore qu'il avait su
maintenir et défendre jusqu'au bout. »

Daumesnil fut acclamé par le peuple de Paris ; mais
le gouvernement de la Restauration le mit à la retraite
(8 septembre 1815).

Après la révolution de 1830, Louis-Philippe lui rendit le commandement de Vincennes, où furent enfermés dans le donjon les ministres de Charles X pendant l'instruction de leur procès. Il eut encore à ce sujet l'occasion de faire preuve d'énergie. Le peuple, ameuté autour du donjon, réclamait les ministres pour les mettre à mort. Daumesnil se présente : « Vous n'aurez leur tête qu'avec la mienne, » s'écrie-t-il ; et, subjugué par son attitude, le peuple se retire en l'acclamant.

Le 5 août 1832, le commandant de Vincennes fut promu au grade de lieutenant général, équivalant à celui de général de division. Quelques jours plus tard, il mourait du choléra, à l'âge de cinquante-six ans.

Le 24 mai 1873, une première statue fut élevée par souscription nationale à Daumesnil sur l'une des places de Vincennes, la ville qu'il avait si énergiquement défendue à deux reprises. La statue, œuvre du sculpteur Rochet, est en bronze. Elle représente le héros debout, le visage tourné vers le donjon, en grand uniforme. L'artiste a choisi le moment où, montrant sa jambe de bois à Blücher, il lui dit : « Rendez-moi ma jambe, je vous rendrai Vincennes. »

Quatre mois plus tard, le 28 septembre de la même année, l'inauguration d'une autre statue de l'héroïque soldat eut lieu à Périgueux, sa ville natale.

XIII.

# LES SAPEURS DU GÉNIE
## ET LE GÉNÉRAL MEUSNIER.

De tout temps, depuis 1750, époque de leur création, jusqu'à nos jours, les sapeurs du génie ont donné d'admirables preuves de valeur. Les traits d'héroïsme à l'actif de ce corps d'élite sont innombrables, et d'autant plus beaux, que ces braves soldats se dévouent de sang-froid, sans l'entraînement de l'action où l'on va de l'avant, emporté et grisé par le fracas de la bataille. Le sentiment seul du devoir leur donne le courage de demeurer froidement, patiemment et silencieusement, à leur dangereux travail de mines, où la mort vient fréquemment les surprendre.

Depuis cent ans, dans toutes nos guerres, le génie s'est distingué d'une façon toute particulière, surtout pendant la première République et l'Empire. Au siège meurtrier de Dantzick (1813), les sapeurs perdirent la moitié de leur effectif. En Espagne, en Afrique, principalement à Constantine (1836 et 1837), en Crimée, pendant la guerre de 1870-71, partout ils se montrèrent admirables de dévouement.

Tout récemment encore, « pendant l'expédition de Tunisie, il y eut un trait vraiment superbe de leur part. On arrivait devant la place du Kef, et l'on ne savait comment se conduirait la garnison qui occupait la *Kasbah* ; les portes de la ville étaient fermées, les canons semblaient prêts à tirer. Le général Logerot fit appeler l'officier qui commandait la compagnie du génie, et celui-ci, s'avançant bientôt vers ses soldats, leur dit :

« — Il faut quatre hommes de bonne volonté pour faire sauter la porte.... C'est la mort, sans doute.... Mais ceux qui en reviendraient seraient sûrs d'avoir la croix.

« On vit alors, non pas quelques hommes lever la main et solliciter ce périlleux honneur, *mais toute la compagnie.* »

Un pareil trait est touchant et vaut la peine d'être cité. Un peu plus loin, nos jeunes lecteurs prendront connaissance de l'admirable conduite du sergent Bobillot et de ses six sapeurs au siège de Tuyen-Quan, au Tonkin. En lisant maintenant cet autre trait, vieux de près d'un siècle, ils reconnaîtront le même dévouement, le même héroïsme :

« En 1792, l'armée, forcée, par son petit nombre, d'abandonner les villes qu'elle avait prises, y laissa seulement des garnisons : l'une de ces villes, Kœnigstein, entre Mayence et Francfort, fut confiée à la garde du capitaine du génie Meusnier, avec quelques hommes seulement.

« Le 8 décembre, le roi de Prusse se présenta devant Kœnigstein, et, ne supposant pas qu'une aussi faible garnison pût songer à la résistance, il envoya un parlementaire sommer le commandant de se rendre. Meusnier reçut le parlementaire sur la place du Château, et, faisant former ses soldats en cercle, il leur dit :

« — Camarades, voulez-vous défendre Kœnigstein tant qu'un de nous restera vivant ? Si, contre mon attente, je vous trouvais faibles et découragés, ce moment serait le dernier de ma vie !

« Et, pour donner plus de poids à cette énergique harangue, il appuyait un pistolet contre sa poitrine.

« Les soldats, émus, se précipitèrent vers leur commandant et s'écrièrent :

« — Pas de capitulation : vaincre ou mourir !

« — Monsieur, dit Meusnier à l'officier prussien, retournez auprès de votre prince, et racontez-lui ce que vous venez d'entendre.

« Par un prodige d'activité et de courage, il tint quatre mois les ennemis en échec.

« La Convention, transgressant en faveur de Meusnier les règles de l'avancement légal, le nomma général de brigade : l'année suivante, il était tué à Cassel (13 juin 1793).

« — Il m'a fait bien du mal, s'écria le roi de Prusse, quand il apprit la nouvelle de sa mort ; mais le monde perd un grand homme ! »

Jean-Baptiste-Marie Meusnier était bien réellement un grand homme. Avant d'avoir eu l'occasion de mon-

trer ses talents d'homme de guerre , il s'était déjà tri-
plement illustré comme géomètre, comme physicien et
comme mécanicien.

Né à Paris en 1754, il entra de bonne heure dans le
génie militaire,  se fit remarquer par ses talents, ses
inventions ingénieuses , et fut appelé — n'étant alors
que lieutenant — à faire partie de l'Académie des
sciences (1784).

Il fut, en 1790, chargé d'établir des lignes de signaux
sur nos côtes et nos frontières, et contribua, sous le
ministère de Servan, en 1792, à l'organisation des
armées républicaines.

Fait prisonnier à la suite de cette belle défense de
Kœnigstein contre l'armée prussienne, il fut échangé
presque aussitôt. L'année suivante, il était chargé de
défendre Cassel : pendant une attaque , il eut la cuisse
emportée par un boulet de canon et mourut des suites
de sa terrible blessure.

Comme savant, le général Meusnier, dit Larousse,
s'était fait connaître par divers *Mémoires*, insérés dans
le Recueil de l'Académie des sciences, et par quelques
inventions utiles. C'est lui qui imagina la machine
ingénieuse pour la gravure en taille-douce des assi-
gnats, ainsi que les lampes dont Quinquet s'est attribué
l'invention ; il inventa une machine pour dessaler l'eau
de mer en la distillant dans le vide , une autre pour
mesurer la force de résistance des étoffes employées
pour les aérostats, et proposa divers perfectionnements
pour les ballons, qu'il croyait pouvoir servir à des
voyages de long cours ; enfin , il a laissé en mathématiques une découverte qui, quoique restreinte, lui
assure l'immortalité, nous voulons parler du théorème
sur la courbure des surfaces qui porte son nom.

## XIV.

## LE SERGENT BLANDAN.

En 1842, l'Algérie, notre belle colonie d'Afrique, insuffisamment conquise, était encore en proie aux soulèvements continuels des tribus indigènes : nous occupions les villes et certains postes avancés, mais la campagne était loin d'être sûre, et nos soldats ne pouvaient s'y aventurer qu'en nombre.

Entre Bouffarik et Blidah, un brigadier et deux cavaliers portaient une ou deux fois par semaine la correspondance ; un détachement d'infanterie les accompagnait pour les protéger.

La distance entre les deux villes est de treize kilomètres : à mi-chemin, la redoute de Méred, occupée par une demi-compagnie du génie, pouvait au besoin offrir un point d'appui. Le 11 avril, le brigadier Villars et deux soldats du 4e régiment de chasseurs d'Afrique partaient de Bouffarik avec les dépêches : seize hommes du 26e de ligne, sous les ordres du sergent Blandan, formaient l'escorte ; le chirurgien sous-aide Ducros, rentrant de congé, s'était joint à eux.

Vers deux heures de l'après-midi, une heure après le départ, on apercevait déjà Méred à deux kilomètres, lorsque les deux cavaliers éclairant la colonne découvrent devant eux, cachés dans le ravin d'El-Mechdoufa, trois cents Arabes à pied, tenant leurs chevaux en main pour mieux se dissimuler.

Revenir prévenir Blandan n'est que l'affaire d'un instant. Le sergent dit à Villars et à ses cavaliers de profiter de la rapidité de leurs montures pour s'échapper. Ils refusent de se soustraire au danger. La troupe forme rapidement le carré, prête à recevoir la charge des Arabes.

Alors s'engage une lutte terrible qui compte parmi les plus beaux faits de notre histoire militaire.

Un des cavaliers arabes s'approche en caracolant du petit détachement et somme son chef de se rendre. Blandan se borne à ajuster le cavalier, en lui criant : *C'est ainsi que se rend un Français !* et il l'étend raide mort. Puis, il groupe ses conscrits en cercle et leur dit :

« A présent, camarades, il ne s'agit plus que de montrer à ces gens-là comment des Français savent se défendre : surtout ne nous pressons pas, et visons juste. »

Les cavaliers ennemis enveloppent cette poignée de braves, qui entament et continuent le feu avec calme et précision. Nos soldats infligent aux indigènes des pertes cruelles ; mais, hélas ! le combat est par trop inégal, et cette poignée de braves comprend bien que la lutte ne pourra pas durer longtemps. Leur nombre diminue peu à peu. Villars est blessé, le cavalier Ducasse est tué, le chirurgien Ducros a le bras fracassé ; Blandan, frappé de deux balles à la cuisse, reste debout, encourageant son monde ; bientôt, frappé au ventre, il tombe en s'écriant :

« Courage, mes amis ; défendez-vous jusqu'à la mort ! »

Tout ce qui reste debout lutte avec une énergie sur_humaine qu'exaltent encore les ardentes excitations de Blandan.

Enfin, des secours arrivent de Méred et du camp d'Erlon. Le lieutenant-colonel Morris sabre les cavaliers arabes. Du détachement de Blandan il ne restait que cinq hommes qui n'eussent pas été touchés. Le jeune et intrépide héros expirait le lendemain à l'hôpital de Bouffarik.

Le maréchal Bugeaud s'empressa de signaler dans un ordre du jour cette action comme une des plus belles dont eût à se glorifier l'armée d'Afrique depuis la conquête.

« Les enfants de la France ne sont pas dégénérés, disait-il, et, s'ils sont capables de grandes choses par l'ordre, la discipline et la tactique qui gouvernent les masses, ils savent aussi, quand ils sont isolés, se battre comme les chevaliers des anciens temps. »

Au sous-officier Blandan, à l'humble et fier héros de ce combat inégal, une statue a été élevée à Bouffarik le 1ᵉʳ mai 1887. M. Ch. Gauthier, le statuaire, a représenté le brave sergent au moment où, atteint par une troisième balle, il a encore la force de s'appuyer sur son

fusil et d'étendre le bras droit pour exciter ses soldats à
la résistance.

Maréchal Bugeaud.

Quelques semaines avant l'inauguration de ce monument, les restes de Blandan exhumés — en présence du
maire de Bouffarik et d'une nombreuse assistance —

de l'endroit où il avait été enterré, furent pieusement renfermés dans une nouvelle bière qui, au milieu d'une imposante escorte militaire, fut transportée dans une excavation ménagée au milieu du socle sur lequel se dresse maintenant sa statue.

Une députation du 26ᵉ de ligne, l'ancien régiment de Blandan, comprenant un capitaine, un adjudant, un sergent, un caporal et un soldat, assistait à l'inauguration du monument. D'ailleurs, au régiment qu'il a contribué à illustrer par sa bravoure, le souvenir du héros demeure toujours vivant parmi ceux qui s'y succèdent. Dès que les jeunes soldats arrivent, on s'empresse de leur apprendre le nom de celui qui est mort glorieusement en défendant l'honneur du drapeau et la correspondance dont il était chargé. A chaque prise d'armes, le sergent-major fait porter les armes à la compagnie d'appel : *Blandan, sergent !* A quoi le sergent de semaine répond : *Mort au champ d'honneur !* Puis, on fait reposer les armes et l'on continue l'appel.

Le héros a maintenant un tombeau digne de lui. C'est à M. le colonel Trumelet qu'est due l'initiative de ce glorieux et juste hommage rendu à un modeste ouvrier lyonnais, engagé volontaire, qui, devenu sous-officier, a prouvé par sa mort à quels sacrifices peut entraîner l'amour du devoir et jusqu'à quel point un brave pousse le dédain de la vie pour l'honneur du nom français.

XV.

# LE GÉNÉRAL MARGUERITTE.

Dans cette néfaste journée du 1er septembre 1870 où, en quelques heures, notre armée, après avoir trois fois changé de commandant en chef, fut enfermée au fond de l'entonnoir de Sedan, un des meilleurs et des plus vaillants généraux de la cavalerie française reçut le coup mortel sur le plateau d'Illy, pendant qu'il préparait la magnifique charge des chasseurs d'Afrique, qui arracha au roi Guillaume de Prusse ce cri d'admiration : « Oh ! les braves gens ! »

Le général Margueritte avait voulu reconnaître en personne les positions ennemies avant de lancer ses braves cavaliers, sous une pluie de balles et d'obus, contre le mur vivant qui enserrait déjà nos soldats, afin de tenter d'y pratiquer une brèche sanglante.

« En arrivant sur la crête d'un léger mouvement de terrain, a rapporté M. Révérony, le fidèle officier d'ordonnance du général, nous fûmes assaillis par une grêle de balles et nous vîmes les Prussiens s'avançant rapidement et en groupes serrés sur la pente au sommet de laquelle nous nous trouvions. Le général arrêta son cheval et le fit tourner à droite, offrant par conséquent le côté gauche à l'ennemi. Je me trouvais à sa gauche et tout près de lui, lorsque tout d'un coup je le vis tomber violemment la face contre terre ; je sautai à terre et le pris dans mes bras ; je vis qu'il avait la figure pleine de sang : il ne pouvait pas parler, mais il ne perdit pas connaissance. Je le mis d'abord à genoux, puis il put se mettre debout. Je le pris par le bras droit et saisis de la main droite les rênes de nos deux chevaux qui n'avaient pas bougé, et nous nous mîmes à marcher péniblement de la sorte, assaillis par une grêle de balles tirées de très près ; car les Prussiens avançaient rapidement derrière nous et tiraient sur nous comme sur une cible : je ne puis m'expliquer comment aucune balle ne nous toucha.... Tout cela se passa en moins de temps qu'il n'en faut pour le raconter.... Nous arrivâmes à la hauteur de la division qui était arrêtée.... Tous les fronts s'inclinèrent, les sabres se baissèrent respectueusement, et un seul cri s'échappa de toutes les poitrines : *Vive le général! vengeons-le!* Le général fit un geste de remerciement avec la tête et il eut encore la force d'indiquer la direction de l'ennemi avec le bras gauche et en s'efforçant de crier : *En avant!* »

Hélas ! les charges héroïques des vaillants chasseurs d'Afrique ne purent sauver l'armée française.... Six jours plus tard, le général, désespéré, mais l'honneur sauf, succombait aux suites de l'effroyable blessure qui lui avait enlevé l'usage de la parole.

Le général Margueritte était né à Manheulles le 15 janvier 1823. Fils d'un paysan lorrain qui, trop pauvre pour vivre en son pays, s'était fait soldat et était devenu brigadier de gendarmerie, il s'engagea à son tour dans un corps d'élite dès l'âge de quinze ans et conquit rapidement ses premiers grades sur la terre d'Afrique. Sous-lieutenant à dix-huit ans, décoré à vingt, et onze fois cité à l'ordre du jour de l'armée, tant en Afrique qu'au Mexique, il était devenu, à quarante-sept ans, le plus jeune et en même temps un des plus capables de nos généraux de division. Cette rapide et brillante fortune était due au seul mérite de celui qui en fut l'objet : admirable et salutaire exemple de ce que peuvent produire l'énergie et la persévérance unies à la volonté et au travail !

Jamais homme, en effet, ne fut moins outillé que le général à ses débuts pour sortir d'une humble position et s'élever aux premiers rangs de la société. Son fils aîné, dans le livre intitulé *Mon Père*, qu'il a consacré à sa mémoire, nous dit à cet égard :

« Où, quand, comment fit-il ses études ? Que sa mère lui ait appris à lire, que son père lui ait fait faire, à huit ans, des devoirs d'enfant sur un coin de table, dans son bureau de brigadier, voilà qui est bien assez pour savoir les quatre règles, un peu de géographie élémentaire, un peu de français. Et après ?

« — Après, rien !

« — Et l'école ?

« — L'école, il n'y en avait pas.

« La façon dont cet homme s'est instruit est restée un

mystère pour nous. En pays perdu, si loin, comment fit-il ? Il lut.

« Le grand-père Antoine avait bien quelques livres, un vieux Plutarque, une Bible, un ou deux volumes dépareillés de l'Histoire de France, *Atala* et *René*, peut-être. Et ce fut tout. L'enfant lut, s'intéressa, comprit. Et peu à peu, ne négligeant aucune occasion de se procurer un livre, de recevoir une leçon, s'assimilant par une facilité merveilleuse ce qu'il entendait dire, il commença cette instruction qui devait être si complète. Un jour, un général, étonné de ce grand savoir si modeste, lui dit : « Mais où avez-vous donc fait vos « études ? » Il répondit : « Mais, mon général, je n'ai « jamais été à l'école. » Aussi, pour en arriver là, quelle volonté ne lui a-t-il pas fallu, et quels efforts ! »

« Admirable spectacle, déclare à son tour le général Philebert, et bien fait pour donner à tous du courage, que celui de cet enfant jeté, sans savoir autre chose que lire et écrire, au milieu de ces expéditions sans fin, de ces fatigues, de ces travaux de toutes sortes, dans des pays où il n'y a ni écoles, ni professeurs, ni livres, et, malgré tout, parvenant, à force de travail, de volonté, à se donner à lui-même une éducation, une instruction supérieures. »

Le 2 juin 1884, sur un petit coin de terre lorraine restée française, à Fresnes-en-Woëvre (Meuse), a été inaugurée une première statue du général Margueritte. Le statuaire, M. Lefeuvre, l'a représenté au moment où il vient de recevoir sa dernière blessure. Soutenu par un chasseur d'Afrique, se raidissant contre la douleur, il tend l'épée vers les Allemands.

Le général a laissé en Algérie un tel souvenir sympathique, que plusieurs chefs arabes, qui l'avaient connu là-bas, avaient tenu à venir assister à cette inauguration. Mais la population algérienne voulut donner à l'administrateur intègre et vigilant qu'elle regrettait une preuve plus grande encore de sa durable et reconnaissante affection. Elle demanda à M. Lefeuvre de refondre à son intention une nouvelle image du brave général, et le 17 avril 1887, cette deuxième statue a été solennellement inaugurée à la Kouba, dans notre colonie africaine.

Ce jour-là, M. Tirman, gouverneur de l'Algérie, a soulevé d'unanimes applaudissements en déclarant que l'hommage rendu à la mémoire de Margueritte n'est point le résultat d'un entraînement irréfléchi, mais un acte de reconnaissance et de justice.

Le général a droit, en effet, à une place d'honneur dans l'histoire de la conquête et de la civilisation de l'Algérie.

## XVI.

## LE GÉNÉRAL CHANZY.

Le 5 janvier 1883, le commandant de notre 6ᵉ corps d'armée, le général Chanzy, mourait à Châlons-sur-Marne, siège de son commandement. Ce fut un deuil national. En effet, celui que M. Mézières a appelé à juste titre le *soldat de la défense nationale*, avait, en 1870, à la tête de la deuxième armée de la Loire, remporté plusieurs succès partiels contre les Prussiens; et la plupart des défaites qu'il avait subies avaient été pour nos armes presque aussi glorieuses que des victoires. La patrie lui en conservait un souvenir reconnaissant.

Aussi, dès le 28 septembre de l'année suivante, une statue lui était-elle élevée dans sa ville d'adoption, à

**Buzancy**, dans les Ardennes. Œuvre de M. Croisy, **Ardennais** comme l'illustre général, le bronze montre **Chanzy** debout, le poing gauche crispé, la main droite **sur** l'épée nue plantée en terre, le regard tourné vers la **route** d'Allemagne.

Général Chanzy.

Mais ce pieux hommage rendu à la mémoire du général patriote ne parut point suffisant. La France, en outre, a voulu honorer ensemble les chefs et les soldats qui, en 1870, se sont prodigués pour la défense de son territoire et consacrer un souvenir durable de leurs héroïques efforts. Dans cette patriotique intention, vingt mois à peine après l'inauguration de la statue de Chanzy à Buzancy, un autre monument a été élevé en l'honneur de la deuxième armée de la Loire et de son chef, le dimanche 16 août 1885, sur la grande place de la ville du Mans, qui s'appelle aujourd'hui place de la République.

« Le Mans a été choisi, dit M. Raoul Bonnery, parce que ce monument doit consacrer la souffrance et l'héroïsme. N'est-ce pas, en effet, sous les murs de la vieille cité des Cénomans que nos braves et malheureux enfants de 1870-1871 ont combattu avec le plus d'acharnement et ont subi les plus grandes misères physiques et morales ? »

M^{me} veuve Chanzy assistait, entourée de ses enfants, à cette fête patriotique, à laquelle étaient également présents les ministres de la guerre et de l'intérieur, l'amiral Jauréguiberry, ancien compagnon d'armes de Chanzy, un attaché militaire de l'ambassade de Russie, en souvenir des fonctions naguère remplies à Saint-Pétersbourg par celui dont on honorait la mémoire, toutes les autorités départementales et régionales et de nombreuses délégations. Une foule prodigieuse, accourue des campagnes et des villes voisines, remplissait les rues toutes pavoisées de drapeaux.

Le monument national de la deuxième armée de la Loire, élevé par souscription publique (1), est une

---

(1) La souscription pour élever un monument au général Chanzy avait produit environ 150,000 fr. La statue en a coûté 24,000 ; le piédestal, 20,000 ; et les bas-reliefs, 90,000. Bas-reliefs et statue ont été fondus dans les ateliers de MM. Thiébault, rue de Villiers, qui ont mis six mois à les reproduire en bronze. Le poids de la statue s'élève à 1,000 kilogrammes ; celui du piédestal à 4,000.

œuvre magistrale qui, au Salon de 1885, a valu une première médaille à l'un de ses auteurs, le sculpteur Croisy. A cet artiste sont dus les quatre groupes mouvementés et magnifiques qui ornent chacun des côtés du piédestal.

Le premier, sur la face droite du monument, figure *l'Attaque* : un vieil officier debout, sombre et farouche, une longue-vue à la main, désigne du doigt aux troupiers qui se pressent à ses côtés l'endroit d'où l'ennemi a signalé sa présence en frappant d'une balle un jeune soldat imberbe, que l'on voit étendu et comprimant sa blessure de sa main crispée. Sur la droite de l'officier, deux soldats de ligne : l'un a déjà épaulé son arme, tandis que l'autre, le genou en terre, charge tranquillement son fusil. Devant l'officier, un jeune mobile et un *grognard*. Faisant partie du même groupe, un tout jeune fusilier marin fouille anxieusement l'horizon du regard.

Sur la face gauche du monument : *la Défense*. Le centre du groupe est occupé par l'officier porte-drapeau, qui étreint la hampe d'une main nerveuse. A droite, un chasseur à pied va mettre en joue l'assaillant ; derrière lui, un zouave, superbe de défi. Au pied du porte-drapeau, un chasseur d'Afrique, à demi écrasé par sa monture qui vient de s'abattre, braque sur l'ennemi le canon de son revolver.

Ces deux grands groupes sont reliés en façade par le groupe de *la Résistance* : à gauche, un artilleur, frappé à mort, couvre de son corps la pièce de bronze, muette désormais ; un fusilier marin, la cuisse brisée, cherche dans sa cartouchière la dernière balle à tirer pour la France.

Sur la face opposée, *la Défaite* : un jeune fantassin,

seul, sans armes, fouillant la terre avec rage, rend le dernier soupir.

Au-dessus de toutes ces figures allégoriques, animées d'une vie puissante, se dresse, haute de trois mètres, la statue de Chanzy, œuvre de M. Gustave Crauk. Le général est représenté debout, en tenue de campagne, chaussé de grandes bottes montant au-dessus du genou ; le bras droit est tendu, raidi par la colère, le poing fermé, indiquant fermement la direction de l'est. Sur le socle, l'inscription :

A CHANZY

A LA 2<sup>e</sup> ARMÉE DE LA LOIRE

1870-1871.

Après la bataille de Cannes, où les légions romaines furent écrasées et détruites par les troupes carthaginoises conduites par Annibal, les Romains allèrent audevant de Varron, le consul vaincu, pour le féliciter de n'avoir pas désespéré du sort de la patrie. Comme l'antique Rome, la France sait — aussi bien dans les revers qu'à la suite des succès — apprécier le courage et le patriotisme ; ainsi que Rome, elle connaît la grandeur du *Gloria victis* ; aussi a-t-elle tenu à honorer dignement la résistance, la persévérance et les efforts de l'armée de la Loire et de son général en chef, qui puisa dans son patriotisme la force de ne jamais désespérer du salut de son pays.

« Des événements de 1870-1871, il faut, déclarait au Mans le général Campenon, le jour de l'inauguration du monument, que la France tire ce double enseignement : c'est d'abord qu'au jour du danger toute cause de division doit disparaître, et que le pays a droit de

compter sur le concours unanime de tous ses enfants ;
c'est ensuite qu'au milieu des circonstances les plus
difficiles, des appréhensions les plus sombres, des périls
les plus graves, malgré les mauvaises chances, malgré
les revers, malgré les défaites, il ne faut jamais désespérer.

« C'est parce qu'il est resté jusqu'au bout fidèle à
cet ordre d'idées, c'est parce qu'il a donné à tous ce
bon et salutaire exemple du dévouement quand même
à la France et de la foi absolue dans ses destinées, que
le souvenir du chef de la seconde armée de la Loire
restera parmi nous profondément honoré. »

Eugène-Alfred-Antoine Chanzy, né à Nouart (Ardennes) le 18 mars 1823, était fils d'un capitaine de
cuirassiers du premier Empire. Après s'être engagé
dans la marine dès l'âge de seize ans, il passa un an
après au 5ᵉ régiment d'artillerie pour se préparer à
Saint-Cyr, où il entra le 13 décembre 1841. A sa sortie
de l'école, il fut envoyé en Algérie, où il gagna tous ses
premiers grades.

Chanzy fit la campagne d'Italie en qualité de chef
de bataillon, et prit part, en 1860, à l'expédition de
Syrie comme lieutenant-colonel. De retour en Algérie,
il y gagna ses épaulettes de général de brigade pendant
la grande insurrection arabe, et il se trouvait encore à
la tête d'une des subdivisions de notre colonie lorsque
éclata la guerre de 1870.

Ce ne fut cependant qu'après nos premiers désastres,
avons-nous déjà écrit dans le *Livre d'aujourd'hui*,
« qu'il fut rappelé d'Algérie et envoyé à l'armée de la
Loire avec le grade de général de division. A la fin
d'octobre il prenait le commandement du 16ᵉ corps
d'armée, qui formait, avec le 15ᵉ, l'armée commandée

10

par le général d'Aurelles de Paladines : cette armée avait pour objectif la délivrance de Paris. C'était le moment où l'armée du prince Frédéric-Charles, délivrée de toute entrave par la capitulation de Metz, s'avançait rapidement sur la capitale pour venir augmenter le nombre des assiégeants.

« Chanzy contribua largement à la victoire de Coulmiers, le 9 novembre, qui eut pour conséquence la reprise d'Orléans, et à celle de Villepion, le 1er décembre. Mais l'ennemi, furieux de ses deux échecs, revenait en masse dès le lendemain de Villepion et se précipitait plus nombreux sur l'armée française, qui, malgré tout son courage, fut défaite à Loigny. Journée sanglante, où le général de Sonis, commandant du 17e corps, fut grièvement blessé et remit son commandement à Chanzy, qui devint ainsi le chef de deux corps d'armée. Avec eux, il accomplit, sans se laisser entamer par les Prussiens qui le harcelaient constamment, une admirable retraite en échiquier, que l'on a comparée à celle que Moreau avait effectuée en Allemagne en 1796. Quelques jours plus tard, le 21e corps fut réuni sous ses ordres aux deux corps qu'il commandait déjà, et il devint ainsi le général en chef de la deuxième armée de la Loire.

« Chanzy conservait toujours l'espoir de débloquer Paris avec le concours de Bourbaki et de Faidherbe, qui étaient à la tête des armées de l'Est et du Nord. Hélas ! c'était le moment où les Allemands, accumulant contre nous des masses de plus en plus profondes, allaient écraser sous le poids du nombre nos jeunes armées ; elles ne réussirent qu'à déconcerter et à retarder la marche envahissante de l'ennemi.

« A Villorceau, le 8 décembre, Chanzy lutta sans se

laisser entamer contre cinq corps d'armée commandés par le prince Frédéric-Charles en personne. Il coucha sur ses positions. Il fut cependant forcé de reculer, mais il recula pied à pied, présentant constamment le front à l'ennemi. La retraite était opérée du côté de Vendôme. Il soutint de nouveau auprès de cette ville le choc des envahisseurs, qui ne purent, pendant toute la journée du 15 décembre, parvenir à le déloger de ses positions.

« Mais les soldats, harassés, piétinant depuis plusieurs jours dans la boue et la neige, étaient démoralisés, et Chanzy, rempli de tristesse, ordonna le lendemain la retraite sur le Mans. Quatre semaines plus tard, le 11 janvier 1871, après deux jours de lutte héroïque, l'armée française était définitivement vaincue auprès de cette ville par les Allemands, qui ne lui laissaient pas un instant de répit. Après la perte de la bataille, Chanzy, ne pouvant plus garder l'espérance de délivrer Paris, écrivait, les yeux remplis de larmes, les lignes suivantes à Gambetta, ministre de la guerre :

« Le Mans est perdu. Si je n'avais écouté que mon
« indignation, j'aurais fait sauter les ponts, et j'aurais
« lutté quand même. Néanmoins, j'ai cru que mieux
« encore valait conserver cette armée à la France, dans
« l'espoir qu'un jour peut-être elle prendrait sa
« revanche ; et j'ai donné en pleurant de rage l'ordre
« de la retraite sur Laval. »

« Quelques semaines plus tard, lorsque la paix fut signée, au moment du licenciement de l'armée de la Loire, celui dont l'ardent patriotisme avait su obtenir de ses jeunes soldats la continuité d'efforts qui leur avait permis de balancer un instant la fortune de l'ennemi, leur adressa ce simple et bel adieu :

« Vous pouvez être fiers d'avoir fait partie de la
« seconde armée, dont les efforts, s'ils n'ont pas abouti
« au succès que vous avez poursuivi avec tant d'opiniâ-
« treté, ne resteront pas sans gloire pour le pays dont
« ils ont contribué à sauver l'honneur. L'histoire
« racontera ce que vous avez fait ; l'ennemi lui-même
« s'honorera en vous rendant justice. Vous allez
« rejoindre vos foyers, conservez inébranlable votre
« dévouement au pays. Quant à moi, mon plus grand
« honneur est de vous avoir commandés ; mon plus vif
« désir est de me retrouver avec vous, chaque fois qu'il
« s'agira de servir la France. »

« Depuis lors, Chanzy, dont le mérite était universellement apprécié, fut successivement nommé gouverneur
de l'Algérie en 1873, ambassadeur auprès de l'empereur
de Russie en 1880, et commandant du 6e corps d'armée
à Châlons. C'est là que la mort ravit à la France ce
vaillant soldat dont le nom était synonyme de patriotisme et d'espérance. L'ancien commandant de l'armée
de la Loire avait été, en 1876, élu sénateur inamo-
vible. »

XVII.

## LA DÉFENSE DE CHATEAUDUN.

Châteaudun est une des sous-préfectures du département d'Eure-et-Loir, et commande par sa position les
routes de Chartres, d'Orléans, de Nogent-le-Rotrou et
de Vendôme. Pendant la guerre de 1870, dans les plus
sombres jours de l'invasion prussienne, cette petite
ville s'est illustrée pour toujours par l'héroïsme de ses
habitants. Elle a fourni à notre histoire une page glorieuse, consolante dans nos malheurs. Quand, dans
Paris assiégé et dans toute la France, on connut la
résistance héroïque de Châteaudun aux troupes badoises
et bavaroises, un frisson d'orgueil et d'espérance fit
palpiter tous les cœurs.

« Dès les premiers jours de l'invasion, dit M. Emile

Corra, la ville s'était signalée par son esprit de résistance, par sa volonté formelle de s'opposer, coûte que coûte, aux progrès de l'envahisseur, et les Allemands n'avaient pas encore atteint l'Orléanais, le mois de septembre ne s'était pas encore écoulé, que déjà la garde nationale était armée, faisait des reconnaissances, s'avançait au-devant de l'ennemi, et qu'un appel énergique était adressé à toutes les communes voisines pour obtenir leur concours.

« Aussi, quand les francs-tireurs de Paris, qui battaient la contrée sous les ordres du commandant Lipowski, arrivèrent à Châteaudun, trouvèrent-ils une population si enthousiaste et si résolue, qu'ils décidèrent aussitôt de la seconder dans l'œuvre sainte qu'elle avait entreprise.

« Les pavés furent soulevés, les charrettes renversées, les arbres abattus ; des remparts improvisés furent édifiés, en un mot ; et, à la suite d'une fausse nouvelle qui annonçait la marche de tout un corps d'armée sur la ville, les francs-tireurs, qu'on croyait impuissants à soutenir la lutte, ayant reçu l'ordre de se retirer, la garde nationale, qui avait absolument refusé de se laisser désarmer, protesta de telle façon, qu'il fallut contremander la retraite et rappeler les braves volontaires. Déjà ceux-ci avaient accompli plusieurs actions d'éclat et conquis l'estime de la population, quand le 18 octobre arriva. »

Ce jour-là, Châteaudun comptait de douze à quatorze cents défenseurs, savoir : environ sept cents francs-tireurs de Paris, cent cinquante de Nantes, cinquante des Alpes-Maritimes, trente tirailleurs de Vendôme, et à peu près quatre ou cinq cents gardes nationaux. On annonça l'arrivée des ennemis. Dix-huit mille Badois et Bavarois, munis de plus de trente pièces d'artillerie, marchaient sur la ville : ils étaient commandés par le prince Albert de Prusse.

Des uhlans s'étant montrés près du chemin de fer, raconte un publiciste populaire, des ouvriers, sans autres armes que leurs outils, se précipitèrent à leur rencontre et les forcèrent à tourner bride : c'était un prélude, et Châteaudun, s'attendant à une attaque imminente, se hérissa rapidement de barricades.

Les Allemands mirent en œuvre contre la petite ville six batteries, qui lancèrent trois mille obus, parmi lesquels il y eut beaucoup d'obus à pétrole.

Hélas ! l'issue de la lutte ne pouvait être douteuse ; elle fut, du moins, sublime pour la petite ville. Châteaudun était la proie des flammes. A la lueur des incendies allumés par les obus, ses défenseurs se battirent jusqu'au dernier instant. Les obus pleuvaient sur la cité : ils s'abattaient sur les maisons, sur l'hôpital, sur les ambulances. Dans son livre sur la *Défense de Châteaudun*, M. Isambert a consigné des épisodes véritablement émouvants.

Ainsi, un jeune franc-tireur, engagé depuis peu de jours, atteint en pleine poitrine, tombe aux pieds de son chef et s'écrie :

— Que c'est dur, mon capitaine, de mourir sans avoir pu en tuer un !

Quand les Allemands, en masses serrées, envahirent la place de la ville, l'un des défenseurs — ils n'étaient plus que cent cinquante — fit entendre cet appel :

— A la baïonnette ! et vive la République !

— Vive la République ! répétèrent tous les autres.

Et alors, la nuit venue, les défenseurs de Châteaudun,

refoulés de tous côtés, exaltés par la lutte, superbes de patriotisme et d'ardeur, entonnèrent la *Marseillaise* sous le ciel rougi par les incendies.

« Ce chant superbe, dit M. Isambert, ce spectacle grandiose avaient glacé d'une certaine terreur les assaillants, qui hésitèrent d'abord, puis envahirent la ville, repoussant nos soldats dans les rues adjacentes. Mais ceux-ci, pris d'une rage nouvelle, se précipitèrent de nouveau sur cette place et, à la baïonnette, forcèrent les Allemands à reculer dans la nuit. La place était à nous, et les Allemands l'attaquèrent encore. On se battait dans l'ombre, on se battait corps à corps ; on se tuait comme on se poignarderait; on s'égorgeait, et le flot noir des Allemands courait à travers les rues. La torche à la main, ils envahissaient déjà les maisons conquises, ils pillaient, volaient et brûlaient. »

Les francs-tireurs, qui pendant tout le jour, sous le commandement du brave Lipowski, avaient tenu tête à des troupes plus de dix fois supérieures en nombre, ne s'étaient retirés qu'à la nuit, après avoir infligé des pertes énormes aux ennemis. Toutefois, quelques-uns d'entre eux, que la fusillade avait empêchés d'entendre le son du clairon, étaient restés au centre de Château-dun : ils coopérèrent avec les gardes nationaux à l'admirable défense de la place de la ville que l'on vient de lire. L'un d'eux, M. A Schefter, a noté ses impressions à la fin de la lutte.

« Ce n'est qu'entre dix heures et demie et onze heures, dit-il, que les derniers d'entre nous quittèrent la ville, et, prenant la route de Brou, rejoignirent le bataillon à Nogent-le-Rotrou.... Quand le général Von Wittich apprit le petit nombre des défenseurs de Châ-

teaudun , il témoigna hautement son mécontentement
aux officiers qui l'entouraient.

« Telle fut cette journée où les ennemis, de leur
propre aveu, perdirent deux mille sept cents hommes,
parmi lesquels un grand nombre d'officiers. De notre
côté, le rapport du commandant Lipowski constate
l'absence de cent soixante-quatorze des nôtres, parmi
lesquels deux officiers morts, deux blessés grièvement,
trois médecins prisonniers. Ajoutons que la garde nationale a fait vaillamment son devoir et perdu un grand
nombre des siens ; le commandant, M. Testanières,
avait été blessé très grièvement à l'entrée de la rue de
Chartres. Quant à nous, tandis que nous battions
en retraite à travers la pluie et les ténèbres, nous
contemplions avec une indicible émotion cette ville
en feu, et nous emportions avec nous un souvenir
impérissable de sympathie et d'admiration pour
l'héroïque courage et l'infortune des habitants de
Châteaudun. »

La résistance de nos soldats et des habitants avait
exaspéré les Allemands, qui ne surent pas comprendre
cet héroïsme. M. Isambert raconte de quelle façon les
vainqueurs châtièrent une ville dont la culpabilité consistait à n'avoir pas voulu ouvrir à la première sommation ses portes à l'envahisseur, dont le crime était de ne
pas subir sa présence sans avoir au moins sauvegardé
son honneur. Cette conduite était à leurs yeux le plus
grand de tous les crimes.

« Badois et Bavarois se répandent dans les maisons,
enfoncent à coups de hache les portes qui ne s'ouvrent
pas assez vite, enlèvent les meubles , les pendules, les
bijoux, et jusqu'à des robes de femme. Après avoir fait
leur choix, ils enduisent à la brosse les portes de pétrole

et y mettent le feu avec des torches ; ils allument les rideaux, les lits.

« La plupart du temps, pour abréger la besogne, ils répandent le pétrole sur les premières marches de l'escalier ; de là, l'incendie gagne rapidement jusqu'au grenier.

« Les incendiaires sont divisés, d'ailleurs, méthodiquement en sections de soixante ou quatre-vingts hommes. La moitié stationne dans la rue, l'arme au bras, surveillant à deux pas des murs, le visage tourné vers la porte. Le reste est divisé en deux escouades de quinze ou vingt hommes chacune. La première entre dans une maison, opère le déménagement minutieux de tout ce qui lui paraît avoir une valeur, puis, pendant qu'elle va exercer son industrie dans une maison voisine, la seconde escouade prend sa place, arrose la maison de pétrole et allume l'incendie sur plusieurs points à la fois. Les officiers commandaient cette besogne de barbares, et souvent ils l'accomplissaient eux-mêmes. »

Le général en chef et son état-major donnaient d'ailleurs l'exemple. Ces officiers, au nombre d'une soixantaine, s'étaient fait servir à souper à l'*Hôtel du Grand-Monarque.* M. Emile Corra raconte comment ils terminèrent ce repas.

« Il est minuit ! *Deux cent trente-cinq* maisons, les deux tiers de celles que contient la ville, sont en feu ; on enfume un paralytique dans sa demeure ; on fusille un vieillard qui proteste contre les barbaries commises ; on laisse cinq familles étouffées dans les caves ; enfin, l'état-major lui-même se signale par un acte horrible. Il a copieusement dîné et plus copieusement bu ; il fait appeler l'hôtesse (M^{me} Sénéchal) et l'interpelle ainsi, par l'organe du général Wittich :

« — Excellent dîner, madame, surtout pour un dîner qui n'est pas commandé d'avance !

« — Vous êtes indulgent, général, dit l'hôtesse.

« — Non ! non ! excellent en vérité ! reprend le général. Aussi je veux vous récompenser par un conseil : si vous avez ici quelque chose de précieux, faites-en un paquet et quittez vite votre maison ; il n'y fera pas bon dans un quart d'heure.

« Et, au même moment, un autre officier, *Monseigneur le duc de Saxe-Meiningen*, se dirige allègrement vers la fenêtre la plus proche et met le feu aux rideaux. Les officiers subalternes imitent son exemple et répandent l'incendie dans toutes les parties du bâtiment. Ce n'est qu'à cinq heures du matin que quelques courageux habitants, qu'aucun mauvais traitement ne rebute, peuvent arriver auprès du commandant allemand et obtenir de faire manœuvrer les pompes. Deux jours après, le 20 octobre , à quatre heures du matin, a écrit le correspondant de la *Gazette de Cologne*, les feux *qui s'élevaient des monceaux de cendres étaient encore si violents, qu'il faisait clair comme en plein jour.* »

De son côté, le journal officiel de Berlin, le *Staats Anzeiger*, faisait le tableau suivant de Châteaudun après la victoire des Allemands :

« Des murs démolis, des portes renversées, des toits effondrés rendent les rues presque impraticables. Des rues entières étaient en feu. Il y eut des blessés qui furent brûlés vifs. Les flammes qui émergeaient des ruines étaient si vives, qu'il faisait presque aussi clair qu'en plein jour. »

Quelques femmes égalèrent en courage et en dévouement les braves défenseurs de Châteaudun. L'une d'elles, une jeune fille de dix-sept ans, Laurentine Proust, a obtenu une médaille d'or et une pension. D'ailleurs, toute la ville de Châteaudun fut comprise dans l'admiration générale, et, en 1870, le gouvernement de la Défense nationale signalait par décret à la France le noble exemple de cette petite cité qui, bombardée, incendiée, réduite en cendres, avait résisté jusqu'au bout !

Les Châteaudunois, dit M. E. Corra, « se sont consolés de toutes ces humiliations, de toutes ces douleurs, en songeant qu'ils ont couché dans la tombe *trois mille* ennemis, et que, comme l'a déclaré le gouvernement d'alors, ils ont bien mérité de la patrie. »

# XVIII.

## HENRI REGNAULT.

### LE COMBAT DE BUZENVAL.

Le combat de Buzenval (19 janvier 1871) fut un des plus meurtriers de ceux que livrèrent les troupes de Paris pendant la durée du siège de la capitale. La faim, le froid, les épreuves de toute sorte avaient mis le comble à l'exaspération des assiégés, qui demandaient avec instance à être conduits à l'ennemi. Une sortie, ayant pour objectif Versailles, où le roi de Prusse venait de se faire couronner empereur d'Allemagne, fut ordonnée par le gouverneur de Paris.

Depuis le commencement de l'investissement, les Allemands avaient, tout autour de Versailles, accumulé divers ouvrages de défense. Partout, les murailles, les accidents de terrain ; avaient été utilisés par eux. Les murs de clôture du parc de Buzenval étaient entre autres percés de créneaux et étayés par des remblais de terre.

Durant cinq heures, les gardes nationaux et les francs-tireurs de Paris, quatre compagnies de zouaves et le bataillon de Seine-et-Marne restèrent en face de ce long mur de Buzenval, derrière lequel les Prussiens tiraient à couvert. A dix reprises, dans des élans furieux, les troupes de Paris s'élancèrent à l'assaut de cette forteresse improvisée, d'autant plus redoutable que l'artillerie dont disposaient les assiégés était insuffisante pour y pratiquer une brèche. Mais, hélas ! avant d'atteindre ce terrible mur et de pouvoir aborder l'ennemi, les bataillons étaient l'un après l'autre décimés par une fusillade ininterrompue. En vain de nombreux tirailleurs criblaient de balles les ouvertures ; les Allemands étaient constamment remplacés ou renforcés. En vain les soldats du génie parvenaient, à l'aide de la dynamite, à pratiquer une brèche dans la redoutable muraille ; la brèche était aussitôt comblée par les Prussiens.

« Aux alentours du parc, les batteries ennemies balayaient de loin les masses profondes de nos soldats. A grand'peine, à travers les terrains défoncés par l'humidité, on parvint à monter sur le plateau quelques pièces de canon : presque en même temps elles furent démolies par une pluie d'obus. Jusqu'au soir, les gardes nationaux conservèrent les positions occupées et opérèrent plusieurs mouvements offensifs. Ils luttaient avec une énergie indomptable, ces bourgeois et ces artisans, dont un élan de patriotisme avait fait des soldats aguerris : le sang de Paris coulait pour la délivrance de Paris. »

La nuit survenant, le général Ducrot fit rentrer les troupes dans leurs cantonnements respectifs. L'échec

Henri Regnault.

de Buzenval anéantit le dernier espoir de Paris : il fallut se soumettre à la force triomphante.

Nos pertes avaient été considérables et cruelles.

Avec Henri Regnault, atteint d'une balle au front à la fin du combat, la France perdit également ce jour-là le grand explorateur Gustave Lambert, qui se préparait à partir pour la recherche de la mer libre au pôle nord lorsque fut déclarée la guerre.

« Les années ont passé sur ces événements terribles, néanmoins les souvenirs de Buzenval sont restés vivaces. Le peuple de Paris célèbre avec une piété patriotique les anniversaires de la bataille du 19 janvier : il est fier de se rappeler qu'au jour du danger il a su trouver dans son sein une légion de soldats improvisés qui ont su bien combattre et bien mourir, sinon pour le salut — hélas ! impossible — du moins pour l'honneur de la patrie. »

Henri Regnault était né à Paris en 1843 ; il mourait à vingt-sept ans, victime de son courage et de son ardeur à remplir un patriotique devoir. Pendant toute la journée, il avait vaillamment fait le coup de feu; toujours au premier rang. Lorsqu'il entendit sonner la retraite, désespéré, il ne se retirait que lentement. Ce fut au moment où il venait de brûler sa dernière cartouche qu'il fut tué, « laissant le souvenir d'un courage, hélas ! inutile quant au résultat final, mais admirable et digne de servir de modèle aux plus vaillants. »

Henri Regnault était fils de l'illustre physicien Victor Regnault. Il s'était de bonne heure destiné à la peinture. Elève de Cabanel à l'Ecole des beaux-arts, il avait, en 1866, remporté le grand prix de Rome avec son tableau de *Thétis offrant à Achille les armes forgées par Vulcain*, tableau où il montrait déjà un vif sentiment de la couleur et de l'effet.

Ce fut en effet beaucoup comme coloriste que le jeune peintre arriva à une rapide et juste notoriété. Le soleil du Midi l'attirait constamment : il s'étudiait à reproduire les vives couleurs des sites méridionaux enveloppés de lumière vive et crue. En parcourant l'Espagne et le nord de la côte africaine, il avait peint diverses toiles remarquables. Nous citerons entre autres : le portrait équestre du *général Prim* ; *Judith venant de tuer Holopherne*, qui est actuellement au musée de Marseille ; *Salomé*, qui fit sensation au Salon de 1870 ; une *Exécution à Grenade sous les rois maures* ; le *Départ pour la fantasia*, etc.

« Sa réputation était faite, dit M. Paul Marmottan, et on le considérait comme un des meilleurs peintres orientalistes modernes.... Dès la déclaration de guerre, il était parti plein d'entrain pour s'engager, dédaignant le privilège des prix de Rome, dispensés du service militaire. Il rêvait, ce cœur généreux, d'être dans les rangs des vainqueurs à l'assaut de quelque place ennemie, en tout cas de camper aux avant-postes, le plus près du danger. Hardi, téméraire, toujours aux premières lignes, il refusa le grade d'officier qu'on lui proposait, préférant rester simple volontaire et prêcher d'exemple auprès des timides....

« L'Ecole des beaux-arts, désireuse de consacrer le souvenir de ses enfants morts devant l'ennemi, leur éleva un monument, en 1876, dans la cour du *Figuier*, appelée aussi le *Cloître*, à cause des arceaux qui l'entourent. Le motif principal de ce monument est le buste en bronze de Henri Regnault, placé au centre sur un cippe funèbre, et devant lequel une jeune femme, allégorie de la Jeunesse, se hausse dans un effort enthousiaste pour offrir une palme au vaillant soldat artiste.....

« Le buste de Regnault, par Degeorge, est énergique

et altier. La tête est mâle et douce tout ensemble, rêveuse et recueillie, le front haut, la chevelure rejetée en arrière. On y lit le tempérament de l'artiste. Tel est ce monument élevé à l'amour de la patrie, digne interprète d'une pensée toujours vibrante dans les cœurs. »

XIX.


## LE CAPORAL NESSLER.


Que de traits de dévouement et d'héroïsme accomplis
par nos soldats pendant la guerre de 1870-71 restent et
resteront toujours ignorés !... A cette époque, les
événements se précipitaient avec une telle rapidité
sous le coup de l'invasion du territoire, que bien des
faits de cette guerre désastreuse, où nous luttions
presque désarmés contre un ennemi acharné et préparé
de longue date, n'ont pas même été signalés dans les
rapports militaires ou relatés sur les états de services
de ceux qui en ont été les héros. Lorsqu'une semblable
lacune parvient à notre connaissance, le devoir nous
incombe de réparer autant que possible l'oubli dont
sont victimes de braves soldats, des hommes de cœur.
C'est à ce titre que nous transcrivons ci-dessous une
attestation de M. le commandant Marchesseau, qui fera

connaître à nos lecteurs un beau trait du caporal Nessler. Lors du combat de Bazeilles, M. Marchesseau était capitaine d'infanterie de marine. Ajoutons que l'ex-caporal Nessler est actuellement percepteur dans les colonies.

« Je soussigné, chef de bataillon d'infanterie de marine en retraite, officier de la Légion d'honneur, déclare que le jeune Albert Nessler, caporal au 4e régiment d'infanterie de marine, s'est conduit d'une façon digne des plus grands éloges sur le champ de bataille, alors que la division d'infanterie de marine était aux prises et luttait, le 1er septembre 1870, avec tout un corps d'armée bavarois, au village de Bazeilles.

« Dans cette lutte gigantesque et à jamais mémorable, qui dura plusieurs heures, j'eus l'occasion, en me portant sur un des flancs de ma compagnie, qui se battait déployée et couchée à plat ventre, de remarquer un jeune caporal, debout au coin d'une haie, faisant le coup de feu avec une attention soutenue et paraissant apporter dans son tir un soin scrupuleux.

« M'étant approché de lui, il me fit connaître qu'il appartenait au 4e régiment de l'armée, et que, ayant été envoyé aux avant-postes, il se trouvait mêlé avec la ligne du 1er régiment ; qu'il était occupé à débusquer quelques tirailleurs bavarois placés et cachés en avant des lignes ennemies et paraissant avoir pour mission de tirer sur les officiers français.

« — Il n'y aurait qu'un moyen de les déloger, lui dis-je, ce serait de les prendre en flanc en essayant de se rapprocher d'eux le plus possible ; mais la tentative est trop dangereuse.

« — Voulez-vous que j'essaie, mon capitaine ? me répondit-il spontanément.

« — Je ne veux vous donner ni autorisation ni ordre, répliquai-je ; faites ce que vous voudrez.

« A peine avais-je dit, que Nessler et deux hommes de bonne volonté partirent au pas de course et arrivèrent promptement en face d'un bois occupé par l'ennemi. Nessler laissa sa petite escorte en arrière, traversa seul l'angle du parc, s'embusqua adroitement, et, quelques minutes après, à l'aide de ma lorgnette, je voyais avec joie les tireurs bavarois sortir en toute hâte de leur trou et battre en retraite au pas de course. Le tir très habile du caporal Nessler avait produit l'effet que j'attendais et sauvé la vie assurément à bon nombre des nôtres.

« Après avoir accompli cette mission périlleuse, Nessler revint modestement reprendre le poste de combat qu'il occupait avant, paraissant considérer ce qu'il venait de faire comme une action très simple et très ordinaire, et cependant, pour arriver au résultat obtenu, il avait dû traverser la ligne ennemie et s'embusquer au milieu des tirailleurs bavarois.

« Je lui serrai bien cordialement la main à son retour, en le félicitant et en lui promettant qu'il serait de ma part, en temps utile, l'objet d'un rapport spécial.

« Quelques instants après, notre vaillante division d'infanterie de marine, écrasée par le nombre, battait en retraite, après avoir forcé l'admiration de l'ennemi : le lendemain, nous étions tous prisonniers....

« Huit mois après, à mon retour de captivité, mon premier soin fut d'adresser un rapport détaillé sur la belle conduite du caporal Nessler au combat de Bazeilles.

« J'étais resté jusqu'à ce jour sans renseignement sur

la suite qui avait été donnée à ce rapport ; et comme j'apprends aujourd'hui que non seulement Nessler n'a pas été récompensé, mais que ce fait d'armes n'est même pas relaté sur ses états de services, je m'empresse de refaire un nouveau rapport, qui lui servira au besoin....

« Je termine par une réflexion que j'ai faite souvent, bien souvent, c'est-à-dire chaque fois que l'occasion s'est présentée de parler de cette malheureuse guerre : si l'armée française eût été composée en entier de gaillards solides et trempés comme le caporal Nessler, les événements eussent pu changer de face.

« Fait à Niort, le 2 août 1885.

« *Signé :* MARCHESSEAU. »

XX.

## LE MAITRE CANONNIER MOREL.

Au nombre des vaillants marins qui ont accompagné
à Paris le corps de l'amiral Courbet était un brave qui
mérite une mention spéciale. C'est le second maître
canonnier Morel.

Morel a vingt-sept ans ; il est solidement taillé et
porte toute sa barbe. Il a sur la poitrine la croix de la
Légion d'honneur et la médaille militaire.

A Bac-Ninh, il a été mis à l'ordre du jour pour être
monté le premier sur le parapet du fort de Dap-Cau et
pour avoir sauvé la vie à son commandant, M. de
Beaumont.

A Kélung, il se trouva en face de trois Chinois qui
lui tirèrent dessus en même temps et qui l'atteignirent.

Une des balles lui enleva un des côtés du nez ; une autre lui abîma les deux lèvres ; la troisième le transperça de part en part au-dessus du poumon. Il eut la force de se traîner jusque sur la plage, où il fut recueilli par ses camarades.

Envoyé à l'hôpital de Saïgon, il revint sur le *Bayard*, malgré l'avis des médecins qui voulaient le rapatrier.

Sa blessure n'était pas encore fermée, lorsque le *Bayard* attaqua les Pescadores. Il voulut débarquer quand même.

— Je veux faire payer aux Chinois la chemise de laine qu'ils m'ont abîmée, disait-il en riant.

Il tint parole. A Makung, il aperçoit un soldat chinois qui tient un drapeau ; il l'abat d'un coup de fusil, lui court sus et lui plante l'étendard chinois dans le ventre. Trois Chinois se précipitent vers lui ; il en éventre un et tue à coups de fusil les deux autres qui prenaient la fuite. Un cinquième se montre, qui tombe comme les précédents.

Le sergent Morel entra le premier dans le fort de l'île et tua deux Chinois à la baïonnette.

En parcourant les petites cahutes du fort, il écrasa d'un solide coup de crosse la tête d'un régulier qui se cachait sous une natte.

Ce brave a bien mérité la croix !

XXI.

## LE SERGENT BOBILLOT.

« Tous les cœurs français, écrivait, il y a quelque
temps, un de nos publicistes les plus connus, ont
tressailli à cet épisode vraiment épique de la défense
de Tuyen-Quan, où six hommes du génie, commandés
par un sergent, ont accompli des prodiges d'intelligence et de courage, exécutant des ouvrages de campagne à quatre cents mètres de la place, construisant
des retranchements, confectionnant six mille gabions,
et, dit le rapport du commandant Sorel, *sautant deux
fois, mais maintenant jusqu'à la fin le gabionnage et les
palissades.*

« Il y a là des détails admirables. Le sergent, blessé,
ne consent pas à se faire remplacer : il faut que les

forces lui manquent pour qu'il se décharge de sa responsabilité sur le caporal. Quant aux soldats, ils restent toutes les nuits à la tête des travailleurs. Au moment de la délivrance, c'était un simple sapeur, resté valide, qui dirigeait les derniers travaux de défense. »

Bobillot, l'héroïque sergent qui commandait le petit détachement du génie à Tuyen-Quan, est mort à Hanoï le 19 mars 1885, des suites des blessures reçues pendant le siège. Il était né à Paris le 10 septembre 1860. Après avoir brillamment terminé ses études universitaires, il s'était engagé dans le génie, où, en deux ans, il avait gagné les galons de sergent. « La mort l'a enlevé trop tôt, disait sur le bord de sa tombe le commandant Sorel en lui adressant ses derniers adieux, mais sa mémoire restera honorée parmi nous. Il sera cité entre les plus vaillants défenseurs de Tuyen-Quan, et demain, quand nos camarades du génie arriveront de France à Hanoï, nous pourrons leur dire, en leur montrant cette tombe : *Prenez pour modèle le sergent Bobillot !* »

Il a fait courageusement le sacrifice de sa vie pour son pays, ce modeste sergent de notre armée, et il est mort au Tonkin, loin, bien loin de sa patrie, avec la satisfaction du devoir simplement accompli. Mais sa mémoire ne doit pas périr, car Bobillot, selon l'expression du commandant Sorel, demeurera pour tous un modèle à suivre, un exemple à imiter. La statue de l'humble héros, érigée à Paris sur le boulevard Richard-Lenoir, perpétuera parmi nous le souvenir de son courage, de son abnégation et de son dévouement.

Le siège de Tuyen-Quan (janvier, février et mars 1885), occupé par cinq cents Français et bloqué par plus de dix mille ennemis, est certainement un des plus beaux faits d'armes dont nos annales militaires conserveront le souvenir.

Notre armée était engagée à Lang-Son, et aucun secours ne pouvait être espéré du corps expéditionnaire. Le chef de bataillon Dominé, commandant la petite garnison qui s'affaiblissait chaque jour, tint bon cependant. Il fit preuve, dans ces circonstances difficiles, d'une énergie indomptable. Voici, d'après une lettre écrite par un témoin oculaire, quelques-unes des différentes péripéties de ce siège glorieusement soutenu par une poignée de nos braves soldats :

« C'est au mois de janvier que ce siège a commencé. D'abord les Chinois se sont contentés de venir sur les mamelons voisins, essayant, par une fusillade bien nourrie, d'inquiéter la garnison. L'artillerie de la place, qui comprenait deux pièces de quatre-vingts de campagne, deux pièces de quatre de montagne et deux canons-revolvers, les inquiétant fortement dans la mise à exécution de cette tactique, ils ont bientôt songé à se construire des abris. Puis, je ne sais quel chef est venu prendre la direction des opérations ; mais, pendant quelques jours, on les a vus dans la plaine faisant de petites bottes avec les grandes herbes qui la couvrent. Notre garnison croyait qu'ils levaient la récolte du riz. Un beau matin, on s'est aperçu que pendant la nuit ils avaient construit une parallèle, à environ cinq cents mètres du mur d'enceinte. Et, pour cela, un nombre d'hommes indéterminé était arrivé sur l'emplacement de cette parallèle, chaque homme muni de sa botte de paille, laquelle avait fait office de gabion. Cette fortification improvisée était complètement à l'abri des balles, et le canon était impuissant à la démolir. Le faible approvisionnement de nos pièces ne permettait pas d'ailleurs une consommation désordonnée de munitions.

« Cette première parallèle établie, elle sert de point de départ à une foule de sapes dont la dénomination est à faire et qui sont de vrais cheminements de taupe dans lesquels les Chinois travaillent jour et nuit pour se rapprocher du mur. Quelles sont leurs intentions ? On les ignore. La garnison reste impuissante, puisqu'elle ne comprend que deux compagnies de la légion étrangère et une compagnie de tirailleurs tonkinois, lorsqu'il y a environ cinq mille Chinois qui investissent la place, pendant qu'un corps d'observation, fort de deux mille hommes, se retranche à Duoc, et intercepte toutes les communications avec les postes français voisins. Tout se fait donc dans les règles.

« Un autre matin, on aperçoit soudain une autre parallèle, à cent mètres du mur. Le même cheminement recommence avec la même patience et la même dissimulation.

« Deux jours après, ce sont des places d'armes parfaitement construites, et formant un abri aussi solide que sûr, qui surgissent tout à coup du sol. Pendant ce temps-là, les troupes ennemies spectatrices se construisent des retranchements sur les mamelons en arrière et font, jour et nuit, pleuvoir une grêle de balles sur nos gens.

« Bientôt les Chinois démasquent une batterie composée de douze rayés, de deux pièces de quatre de montagne également rayées et de deux obusiers de quinze livres. Après quelques coups mal dirigés au début, ils arrivent à bien régler leur tir et envoient, avec une satisfaction trop visible, un obus de douze dans le logement de M. le commandant Dominé, commandant supérieur de Tuyen-Quan. Ce dernier, non atteint, se contente de leur faire donner un rigodon.

« Les jours suivants, c'est une pluie de projectiles sur la place. Des coups sourds, semblant sortir des entrailles de la terre, indiquent que du côté des cheminements un travail mystérieux et barbare se prépare. On écoute attentivement ; à n'en pas douter, c'est une mine ayant pour but de faire sauter un pan de mur.

« On creuse aussitôt une contre-mine. Les deux travailleurs arrivent presque à se rejoindre : il ne reste plus qu'une mince cloison de terre ; c'est le Chinois qui y donne le dernier coup de pioche, et, prêt avant son adversaire, il décharge sur ce dernier deux ou trois coups de revolver, dont l'un l'atteint assez sérieusement. Prévenu, le piquet de garde arrive, retire le blessé et verse dans le trou de mine deux baquets d'immondices. Non content de cela, on apporte de l'eau et on l'inonde complètement.

« Dans les premiers jours de février, une mine saute et fait une brèche d'environ quinze mètres ; les défenseurs la réparent aussitôt. Quelques jours après, c'était une autre enlevant tout un saillant. A la suite de ce dernier résultat, l'ennemi tente un assaut dans lequel il éprouve des pertes sérieuses ; celles de la garnison sont relativement faibles. Le bombardement continue toujours.

« Le 13 février, une troisième mine éclate et une troisième brèche est faite. Le piquet accourt, couronne le parapet pour parer à une attaque imminente, quand tout à coup deux nouvelles explosions se font entendre : une force épouvantable projette ces pauvres gens dans l'espace, pendant qu'un abîme s'ouvre sous leurs pieds.

Ce sont deux nouvelles brèches qui viennent de se former, et tous ceux de nos hommes qui se sont portés sur la partie qui a sauté sont tués ou blessés : il y en a quarante-deux. Un capitaine est tué, un sous-lieutenant grièvement blessé.

« Mais l'énergie de la garnison ne faiblit pas un seul instant ; et les Chinois tués à bout portant vont rouler dans l'abime, entraînant avec eux les gabions auxquels ils se cramponnaient déjà pour escalader l'obstacle et se précipiter dans l'intérieur de l'enceinte. Cet insuccès les arrête pendant quelques jours, puis ils se remettent à leurs travaux de mine.

« Le 23 février, je crois, ils tentent un assaut de nuit, vers trois heures du matin. Le piquet de garde, insuffisant pour les arrêter, se fait tuer bon nombre d'hommes et ne recule que pied à pied. Ils viennent planter leurs drapeaux dans l'intérieur de la citadelle, mais une section arrive et les culbute à la baïonnette.

« A partir de ce jour, l'activité des Chinois se ralentit. Ils viennent d'apprendre qu'une colonne est en route pour aller délivrer Tuyen-Quan, et ils ne songent plus qu'à mettre leur matériel en sûreté. Quand nous y arrivons, le 3 mars au soir, l'ennemi n'est plus là : il s'est retiré dans des villages fortifiés à quelque distance de là. Il laisse des munitions en quantité considérable, du riz et des outils de terrassier.

« Le matin même, la garnison, voyant ce déménagement, a fait une sortie dans laquelle elle a encore perdu trois hommes tués. On a trouvé cinq autres mines prêtes : elles devaient faire sauter les moellons qui existaient entre les précédentes : le mur aurait ainsi été complètement renversé sur une longueur de plus de deux cents mètres.

« Cette défense est tout simplement une de nos plus belles pages. L'honneur en revient au commandant Dominé, qui s'est montré là un homme d'une rare énergie, et aux officiers et aux soldats de la légion. »

La brigade Giovaninelli, qui vint faire lever le siège de Tuyen-Quan, était forte de trois mille hommes. Elle éprouva des pertes sérieuses : soixante tués, dont six officiers, et cent trente-trois blessés, dont neuf officiers. A la suite de la belle défense qu'il avait organisée et dirigée, le commandant Dominé fut promu au grade de lieutenant-colonel.

FIN.

# TABLE.

PAGES



**FIN DE LA TABLE.**

Rouen. — Imp. MÉGARD et Cⁱᵉ, rue Saint-Hilaire, 136.